COLEÇÃO DE AREIA

Obras do autor publicadas pela Companhia das Letras

Os amores difíceis
O barão nas árvores
O caminho de San Giovanni
O castelo dos destinos cruzados
O cavaleiro inexistente
As cidades invisíveis
As cosmicômicas
O dia de um escrutinador
Eremita em Paris
Fábulas italianas
Um general na biblioteca
Marcovaldo ou As estações na cidade
Os nossos antepassados
Palomar
Perde quem fica zangado primeiro
Por que ler os clássicos
Se um viajante numa noite de inverno
Seis propostas para o próximo milênio — Lições americanas
Sob o sol-jaguar
Todas as cosmicômicas
A trilha dos ninhos de aranha
O visconde partido ao meio

Contos fantásticos do século XIX (org.)

ITALO CALVINO

COLEÇÃO DE AREIA

Tradução:
MAURÍCIO SANTANA DIAS

Companhia Das Letras

Copyright © 2002 by Espólio de Italo Calvino
Todos os direitos reservados

Grafia atualizada segundo o Acordo Ortográfico da Língua Portuguesa de 1990, que entrou em vigor no Brasil em 2009.

Título original:
Collezione di sabbia

Capa:
Raul Loureiro

Preparação:
Silvia Massimini Felix

Revisão:
Huendel Viana
Camila Saraiva

Dados Internacionais de Catalogação na Publicação (CIP)
(Câmara Brasileira do Livro, SP, Brasil)

Calvino, Italo, 1923-1985.
Coleção de areia / Italo Calvino ; tradução Maurício Santana Dias. — São Paulo : Companhia das Letras, 2010.

Título original: Collezione di sabbia
ISBN 978-85-359-1692-8

1. Crítica literária 2. Ensaios 3. Literatura - História e crítica I. Título.

10-05922   CDD-809

Índices para catálogo sistemático:
1. Clássicos : Literatura : História e crítica   809
2. Obras literárias : Apreciação crítica   809

2010

Todos os direitos desta edição reservados à
EDITORA SCHWARCZ LTDA.
Rua Bandeira Paulista, 702, cj. 32
04532-002 — São Paulo — SP
Telefone (11) 3707-3500
Fax (11) 3707-3501
www.companhiadasletras.com.br

SUMÁRIO

Apresentação, 7

PARTE 1. EXPOSIÇÕES. EXPLORAÇÕES

1. Coleção de areia, 11
2. Como era novo o Novo Mundo, 17
3. O viajante no mapa, 25
4. O museu dos monstros de cera, 33
5. O patrimônio dos dragões, 40
6. Antes do alfabeto, 46
7. As maravilhas da imprensa marrom, 54
8. Um romance dentro de um quadro, 60
9. Digam com os nós, 68
10. Escritores que desenham, 72

PARTE 2. O RAIO DO OLHAR

11. Em memória de Roland Barthes, 81
12. As efêmeras na fortaleza, 87
13. O porco e o arqueólogo, 90
14. A narrativa da Coluna de Trajano, 98
15. A cidade escrita: epígrafes e grafites, 106
16. A cidade pensada: a medida dos espaços, 114

17. A redenção dos objetos, 119
18. A luz nos olhos, 125

PARTE 3. RELATOS DO FANTÁSTICO

19. As aventuras de três relojoeiros e de três autômatos, 135
20. A geografia das fadas, 140
21. O arquipélago dos lugares imaginários, 145
22. Os selos dos estados de ânimo, 150
23. A enciclopédia de um visionário, 155

PARTE 4. A FORMA DO TEMPO

Japão
24. A velha senhora de quimono violeta, 165
25. O avesso do sublime, 173
26. O templo de madeira, 180
27. Os mil jardins, 183
28. A lua corre atrás da lua, 187
29. A espada e as folhas, 189
30. Os fliperamas da solidão, 191
31. Eros e descontinuidade, 194
32. A nonagésima nona árvore, 196

México
33. A forma da árvore, 201
34. O tempo e os ramos, 205
35. A floresta e os deuses, 208

Irã
36. O mihrab, 213
37. As chamas em chamas, 217
38. As esculturas e os nômades, 223

Nota, 228

APRESENTAÇÃO

A primeira edição de Coleção de areia *saiu em outubro de 1984 na série Saggi blu da Editora Garzanti. Ao contrário do que vinha ocorrendo com os livros até então publicados pela Einaudi — quase sempre acompanhados, quando apareciam, de entrevistas e autocomentários —, Calvino limitou-se a escrever na quarta capa do volume a breve apresentação anônima que aqui reproduzimos.*

De Paris, Italo Calvino envia de vez em quando ao jornal em que colabora um artigo sobre alguma exposição insólita, que lhe permite contar uma história por meio de um desfile de objetos: antigos mapas-múndi, manequins de cera, tabuletas de argila com escritas cuneiformes, gravuras populares, vestígios de culturas tribais e assim por diante. Alguns traços da fisionomia do escritor emergem dessas páginas "de ocasião": onívora curiosidade enciclopédica e discreto afastamento de qualquer especialismo; respeito pelo jornalismo como informação impessoal e prazer de confiar as próprias opiniões a observações marginais ou de escondê-las nas entrelinhas; meticulosidade obsessiva e contemplação desapaixonada da verdade do mundo. Além de dez dessas crônicas de passeios pelas salas de galerias parisienses, *Coleção de areia* reúne outras páginas de "coisas vistas" ou que, mesmo se nascidas de leituras de livros, têm como objeto o visível ou o próprio ato de ver (incluído o ver da imaginação). Completam o volume três grupos de reflexões à margem de viagens a outras civilizações — Irã, México, Japão —, onde das "coisas vistas" se abrem frestas de outras dimensões da mente.

Parte 1

EXPOSIÇÕES. EXPLORAÇÕES

1. COLEÇÃO DE AREIA

Há uma pessoa que faz coleção de areia. Viaja pelo mundo e, quando chega a uma praia de mar, à orla de um rio ou de um lago, a um deserto, a uma charneca, recolhe um punhado de areia e o carrega consigo. Na volta, esperam-na alinhadas em longas prateleiras centenas de frasquinhos de vidro nos quais a fina areia cinzenta do Balaton, a areia alvíssima do golfo do Sião, a vermelha que o curso do Gâmbia deposita pelo Senegal abaixo desdobram sua limitada gama de cores esfumadas, revelam uma uniformidade de superfície lunar, mesmo passando por diferenças de granulosidade e consistência, do cascalhoso preto e branco do Cáspio, que parece ainda encharcado de água salina, aos minúsculos pedriscos de Maratea, igualmente pretos e brancos, à sutil farinha branca pontilhada de caracóis lilases de Turtle Bay, perto de Malindi, no Quênia.

Numa exposição de coleções estranhas que houve recentemente em Paris — coleções de chocalhos de vacas, de jogos de tômbola, de tampas de garrafa, de apitos de terracota, de tíquetes ferroviários, de piões, de invólucros de rolos de papel higiênico, de distintivos colaboracionistas da ocupação, de rãs embalsamadas —, a vitrine da coleção de areia era a menos chamativa, mas também a mais misteriosa, a que parecia ter mais coisas a dizer, mesmo através do opaco silêncio aprisionado no vidro das ampolas. Passando em revista esse florilégio de areias, o olho capta primeiro apenas as amostras que mais se

■ *ITALO CALVINO*

destacam, a cor ferrugem de um leito seco de rio no Marrocos, o branco e preto carbonífero das ilhas de Aran ou uma mistura cambiante de vermelho, branco, preto, cinza que traz na etiqueta um nome ainda mais policromo: ilha dos Papagaios, México. Depois as diferenças mínimas entre areia e areia obrigam a uma atenção cada vez mais absorta, e assim, pouco a pouco, entra--se numa outra dimensão, num mundo que não tem outros horizontes senão essas dunas em miniatura, onde uma praia de pedrinhas cor-de-rosa nunca é igual a outra praia de pedrinhas cor-de-rosa (misturadas com os brancos da Sardenha e das ilhas Granadinas do Caribe; misturadas com os cinzas de Solenzara, na Córsega), e uma extensão de cascalho miúdo e preto em Port Antonio na Jamaica não é igual a uma da ilha Lanzarote nas Canárias nem a outra que vem da Argélia, talvez do meio do deserto.

Tem-se a impressão de que essa amostragem da Waste Land universal esteja para nos revelar alguma coisa importante: uma descrição do mundo? Um diário secreto do colecionador? Ou um oráculo sobre mim, que estou a escrutar nestas ampulhetas imóveis minha hora de chegada? Tudo isso junto, talvez. Do mundo, a colheita de areias selecionadas registra um resíduo de longas erosões que é simultaneamente a substância última e a negação de sua exuberante e multiforme aparência: todos os cenários da vida do colecionador surgem mais vivos que numa série de slides coloridos (uma vida — dir-se-ia — de eterno turismo, como aliás parece ser a vida nos slides, e assim a reconstituiriam os pósteros se restassem somente eles como documentos de nosso tempo — um deleitar-se em praias exóticas alternado a explorações mais arriscadas, numa inquietude geográfica que trai uma incerteza, uma ânsia), evocados e ao mesmo tempo cancelados pelo gesto já compulsivo de inclinar-se para recolher um pouco de areia e encher um saquinho (ou um recipiente de plástico? ou uma garrafa de coca-cola?) e depois dar meia-volta e ir embora.

É que, como toda coleção, esta também é um diário: diário

de viagens, claro, mas também diário de sentimentos, de estados de ânimo, de humores; ainda que não possamos estar seguros de que realmente exista uma correspondência entre a fria areia cor de terra de Leningrado ou a finíssima areia de Copacabana e os sentimentos que elas evocam quando as vemos aqui, engarrafadas e etiquetadas. Ou talvez apenas diário daquela obscura agitação que leva tanto a reunir uma coleção quanto a manter um diário, isto é, a necessidade de transformar o escorrer da própria existência numa série de objetos salvos da dispersão, ou numa série de linhas escritas, cristalizadas fora do fluxo contínuo dos pensamentos. O fascínio de uma coleção está nesse tanto que revela e nesse tanto que esconde do impulso secreto que levou a criá-la.

Entre as estranhas coleções da mostra, uma das mais impressionantes era com certeza aquela das máscaras antigas: uma vitrine de onde faces verdes ou acinzentadas de pano ou de borracha olhavam por cegos olhos redondos e saltados, de nariz-focinho cilíndrico ou em forma de tubo articulado. Que espírito terá conduzido o colecionador? Um sentimento — creio — ao mesmo tempo irônico e assustado diante de uma humanidade que estivera perfeitamente pronta a uniformizar-se com aqueles semblantes entre animalescos e mecânicos; ou talvez até uma confiança nos recursos do antropomorfismo que inventa novas formas à imagem e semelhança do rosto humano para adaptar-se a respirar fosgênio ou iperita, não sem uma ponta de caricatural deboche. E certamente também uma vingança contra a guerra, ao fixar naquelas máscaras o aspecto rapidamente obsoleto e que, portanto, agora parece mais ridículo que terrível; mas também o sentimento de que naquela crueldade atônita e estúpida ainda se reconheça nossa verdadeira imagem.

Certo, se a reunião de máscaras antigas podia ainda transmitir um humor de algum modo hílare e corroborante, pouco mais à frente um efeito gélido e angustioso era produzido por um colecionador de Mickey Mouse. Um sujeito recolheu, seguramente ao longo de toda a vida, bonecos, brinquedos, caixas de produtos, bonés, máscaras, malhas, móveis e babadouros que reproduzem as feições estereotipadas do ratinho da Disney. Da vitrine apinhada, centenas de orelhas pretas e redondas, de focinhos brancos com a bolinha negra do nariz, de grandes luvas brancas e braços pretos filiformes concentram sua euforia açucarada numa visão de pesadelo, revelam uma fixação infantil naquela única imagem apaziguante em meio a um mundo assombroso, de modo que a sensação de terror termina por tingir de si aquele único talismã em suas inumeráveis aparições em série.

Mas onde a obsessão colecionista se dobra sobre si mesma revelando o próprio fundo de egotismo é num mostruário repleto de pastas simples de papelão amarradas por fitas, em que, sobre cada uma delas, uma mão feminina escreveu títulos como: "Os homens que me agradam"; "Os homens que não me agradam"; "As mulheres que admiro"; "Meus ciúmes"; "Meus gastos diários"; "Minha moda"; "Meus desenhos infantis"; "Meus castelos"; e até "Os papéis que envolviam as laranjas que comi".

O que esses dossiês possam conter não é um mistério, pois não se trata de uma expositora ocasional, mas de uma artista de profissão (Annette Messager, colecionadora: assim assina), que fez de suas séries de recortes de jornais, folhetos de apontamentos e esboços várias mostras individuais em Paris e Milão. Mas o que nos interessa agora é justamente essa extensão de capas fechadas e etiquetadas e o procedimento mental que implicam. A própria autora o definiu claramente: "Tento possuir e apropriar-me da vida e dos acontecimentos de que tenho notícia. Durante todo o dia folheio, recolho, ponho em ordem, classifico, peneiro e reduzo o todo à forma de vários álbuns de coleção. Essas coleções então se tornam minha própria vida ilustrada".

Os próprios dias, minuto por minuto, pensamento por pensamento, reduzidos a coleção: a vida triturada numa poalha de grãos — a areia, ainda.

Volto sobre meus passos, em direção à vitrine da coleção de areia. O verdadeiro diário secreto a ser decifrado está aqui, entre essas amostras de praias e de desertos encapsulados no vidro. Também aqui o colecionador é uma mulher (leio no catálogo da exposição). Mas por ora não me interessa dar-lhe um rosto, uma figura; vejo-a como uma pessoa abstrata, um eu que até poderia ser eu, um mecanismo mental que tento imaginar ao trabalho.

E então está de volta de uma viagem, acrescenta novos frasquinhos aos outros em fila e de repente se dá conta de que, sem o índigo do mar, o brilho daquela praia de conchas moídas se perdeu, que do calor úmido dos uádis nada restou na areia encapsulada, que, distante do México, a terra misturada à lava do vulcão Paricutín é um pó negro que parece varrido da garganta de uma lareira. Tenta reconduzir à memória as sensações daquela praia, aquele cheiro de floresta, aquela ardência, mas é como sacudir aquele pouco de areia no fundo da garrafa etiquetada.

A essa altura só restaria se render, afastar-se da vitrine, desse cemitério de paisagens reduzidas a deserto, de desertos sobre os quais não sopra mais o vento. No entanto, quem teve a constância de levar adiante por anos essa coleção sabia o que estava fazendo, sabia aonde queria chegar: talvez justamente distanciar de si o barulho das sensações deformantes e agressivas, o vento confuso do vivido, e ter afinal para si a substância arenosa de todas as coisas, tocar a estrutura siliciosa da existência. Por isso ela não tira os olhos dessas areias, entra com o olhar num dos frascos, escava ali dentro sua toca, concentra-se, extrai as miríades de notícias adensadas num montinho de areia. Cada cinza, uma vez decomposto em grãos claros e escuros, luminosos e opacos, esféricos, poliédricos, achatados, não se vê mais como cinza ou só então começa a fazer com que você compreenda o significado do cinza.

Assim, decifrando o diário da melancólica (ou feliz?) colecionadora de areia, cheguei a interrogar-me sobre o que está escrito naquela areia de palavras escritas que enfileirei durante minha vida, aquela areia que agora me parece tão distante das praias e dos desertos da vida. Talvez fixando a areia como areia, as palavras como palavras, possamos chegar perto de entender como e em que medida o mundo triturado e erodido ainda possa encontrar nelas fundamento e modelo.

[1974]

2. COMO ERA NOVO O NOVO MUNDO

Descobrir o Novo Mundo era uma empresa bem difícil, como todos nós sabemos. Mas, uma vez descoberto o Novo Mundo, ainda mais difícil era *vê-lo*, compreender que era *novo*, todo *novo*, diferente de tudo o que sempre se esperou encontrar como *novo*. E a pergunta mais natural que surge é: se um Novo Mundo fosse descoberto agora, saberíamos *vê-lo*? Saberíamos descartar de nossa mente todas as imagens que nos habituamos a associar à expectativa de um mundo diverso (o da ficção científica, por exemplo) para colher a verdadeira diversidade que se apresentaria aos nossos olhos?

De pronto podemos responder que, desde os tempos de Colombo, algo mudou: nos últimos séculos os homens desenvolveram uma capacidade de observação objetiva, um escrúpulo de precisão no estabelecimento de analogias e diferenças, uma curiosidade por tudo o que é insólito e imprevisto, todas essas qualidades que nossos predecessores da Antiguidade e da Idade Média parecem não ter possuído. Podemos dizer que é justamente a partir da descoberta da América que a relação com o novo muda na consciência humana. E, justamente por isso, costuma-se dizer que a era moderna começou ali.

Mas será de fato assim? Tal como os primeiros exploradores da América não sabiam em que ponto se manifestaria uma negação de suas expectativas ou uma confirmação de semelhanças notórias, do mesmo modo também poderíamos passar ao lado de fenômenos nunca vistos sem nos dar conta disso, porque nossos olhos e nossas mentes estão habituados a escolher e a catalogar apenas aquilo que entra nas classificações assentadas. Talvez um Novo Mundo se abra aos nossos olhos todos os dias e não o vejamos.

Essas reflexões me vinham à mente enquanto visitava a exposição "A América vista pela Europa", que reúne mais de 350 quadros, gravuras e objetos no Grand Palais de Paris, todos relacionados à imagem que os europeus faziam do Novo Mundo, desde as primeiras notícias após a viagem das caravelas até a aquisição gradual das explorações e descrições do continente.

Estas são as orlas da Espanha de onde o rei Fernando de Castela dá ordem de zarpar às caravelas. E este braço de mar é o oceano Atlântico que Cristóvão Colombo atravessa alcançando as fabulosas ilhas das Índias. Colombo se debruça da proa de seu navio e o que vê? Um cortejo de homens e mulheres nus que saem de suas choupanas. Havia passado apenas um ano da primeira viagem de Colombo, e assim um gravurista florentino representa a descoberta daquela que, na época, não se sabia que seria a América. Ninguém ainda suspeitava de que se iniciava uma nova era na história do mundo, mas a emoção suscitada pelo acontecimento se difundira em toda a Europa. O relato de Colombo inspira imediatamente um poema em oitavas do florentino Giuliano Dati, no estilo de uma trova cavalheiresca, e essa gravura é exatamente uma ilustração do livro.

A característica dos habitantes das novas terras que mais surpreende Colombo e todos os primeiros viajantes é a nudez, e é este o primeiro dado que põe em movimento a fantasia dos ilustradores. Os homens são representados ainda com barba; parece que a notícia de que os índios têm faces glabras ainda não foi divulgada. Com a segunda viagem de Colombo, e principalmente com os relatos mais detalhados e coloridos de Américo Vespúcio, à nudez vem se juntar outra característica que enche a Europa de emoção: o canibalismo.

Vendo um grupo de mulheres índias na orla — conta Vespúcio —, os portugueses fizeram desembarcar um de seus marinheiros, famoso pela beleza, para falar com elas. As mulheres o circundaram prodigalizando-lhe carícias e expressões de admiração, mas enquanto isso uma delas se escondeu às suas costas e lhe deu uma porretada na cabeça, abatendo-o. O infeliz foi arrastado para a mata, cortado em pedaços, assado e deglutido.

A primeira questão feita pela Europa sobre os habitantes das novas terras é: pertencem realmente ao gênero humano? A tradição clássica e medieval falava de remotas paragens povoadas de monstros. Mas essas lendas são logo desmentidas: os índios não só são seres humanos, mas também exemplares de uma beleza clássica. Nasce o mito de uma vida feliz, que não conhece a propriedade nem o cansaço, como na idade de ouro ou no Paraíso terrestre.

Das grosseiras xilogravuras, a figuração dos índios passa para as telas. O primeiro americano que vemos representado na história da pintura europeia é um dos reis magos num quadro português datado de cerca de 1505, ou seja, apenas doze anos depois da primeira viagem de Colombo, e ainda menos que da chegada dos portugueses ao Brasil. Acredita-se então que as novas terras façam parte do Extremo Oriente asiático. A tradição manda que, nos quadros da natividade de Cristo, os reis magos sejam representados em trajes e adornos orientais. Agora que os relatos dos viajantes fornecem um testemunho direto de como são esses lendários habitantes das Índias, os pintores se atualizam. O rei mago índio leva na testa uma coroa de penas em leque, como em certas tribos brasileiras, e tem na mão uma flecha tupinambá. Tratando-se de um quadro de igreja, a personagem não pode apresentar-se nua: são-lhe emprestados uma camisa e um par de calças ocidentais.

Em 1537, o papa Paulo III declara: "Os índios são verdadeiramente humanos [...] não só capazes de compreender a fé católica, mas extremamente desejosos de recebê-la".

Adornos de penas, armas, frutas e animais do Novo Mundo

começam a chegar à Europa. Estamos em 1517, e um gravurista alemão, desenhando um cortejo de habitantes de Calcutá, mistura elementos asiáticos, como o elefante e seu cornaca, os bois engrinaldados, os carneiros de cauda grossa, com peculiaridades provenientes das novas descobertas: as penas sobre as cabeças (e até roupas de pena inteiramente imaginárias), uma arara do Brasil e até duas espigas de milho, cereal destinado a ter tanta importância na agricultura e na alimentação da Itália setentrional e cuja origem americana será rapidamente esquecida, tanto que será chamado de *granturco*.

É por meio da obra dos grandes cartógrafos do século XVI que vemos não só os novos territórios tomarem uma forma, mas também a fauna, a flora e os costumes ganharem as primeiras imagens verdadeiras. Trabalhando em estreito contato com os exploradores, os cartógrafos dispunham de informações de primeira mão. Os contornos das costas atlânticas já são em grande parte conhecidos, enquanto as novas terras ainda são consideradas como um apêndice da Ásia. Como num mapa-múndi de prata de 1530, em que o golfo do México é denominado "mar do Catai" e a América do Sul, "Terra Canibal".

É num mapa alemão que aparece pela primeira vez o nome América, isto é, Terra de Américo, porque foi principalmente pelos relatos de viagem de Vespúcio que a Europa tomou consciência da importância geográfica das descobertas. Somente depois das cartas do mercador florentino a Europa se dá conta de que aquilo que está se descortinando é realmente um Novo Mundo, de enorme extensão e com características próprias.

Até que, nos mapas, a América se destaca da Ásia. Da América do Norte (aqui chamada "Terra de Cuba") não se conhece mais que uma fina fatia costeira, e se acredita que esteja a pouca distância do Japão (chamado Zipangri). O nome América designa apenas a América do Sul, também chamada de "Terranova" e habitada pelos famosos canibais. O continente adquiriu um contorno autônomo, mas ainda é visto — até em sua forma — sobretudo como um obstáculo, uma barreira que nos separa da China e da Índia.

Nos planisférios de Mercator, inventor de um novo método de projeção cartográfica, o nome América também se estende ao hemisfério setentrional e aparece ao lado da Terra dos Bacalhaus, atribuído a Labrador.

A ideia que se faz do índio permanece por muito tempo dividida em dois mitos contrastantes: o da felicidade natural de uma vida inocente como no Éden, e o da ferocidade impiedosa — os escalpamentos, as torturas. Mas também começa o desprezo pela crueldade dos espanhóis, os extermínios e saques dos conquistadores.

Somente no final do século XVI podemos realmente ver o rosto dos índios. E isso ainda graças a um cartógrafo e desenhista, o inglês John White, que em 1585 acompanhou a expedição de Sir Walter Raleigh, fundador da primeira colônia inglesa do além-Atlântico, a Virgínia. As 76 aquarelas de John White conservadas no British Museum constituem o primeiro testemunho americano direto feito por um pintor. White não desenhou apenas os costumes dos peles-vermelhas e suas atividades, mas também os animais da América do Norte: os flamingos, as iguanas, os caranguejos da terra, as tartarugas, os peixes-voadores e os mais variados exemplares da fauna aquática.

Que a América tivesse uma fauna e uma flora completamente distintas das do Velho Mundo foi uma realidade que demorou a ser reconhecida pelos europeus. Desde sua primeira viagem, Colombo tinha levado aos espanhóis alguns papagaios bem maiores que os africanos, as araras, que logo suscitaram curiosidade e foram inseridas por Rafael nas decorações grotescas das galerias do Vaticano.

Contudo, em geral os novos animais da América não parecem ter despertado muita emoção. O peru logo começa a ser criado na Europa, mas erroneamente se acredita que ele seja de origem asiática, sendo confundido com a galinha-d'angola.

O animal que mais estimula a fantasia é o tatu, tanto que nas representações alegóricas a América é vista como uma mulher nua, armada de arco e flecha e cavalgando um tatu.

A verdade é que os europeus talvez esperassem encontrar nesse imenso e pujante continente uma fauna de mastodontes, e acabaram ficando meio decepcionados. A América é rica em animais estranhos, mas a maioria deles é de dimensões modestas. Assim se explica por que os desenhistas das tapeçarias gobelins sentiram a necessidade de integrar uma visão exuberante da flora e da fauna brasileiras com animais que não têm nada de americanos. Não faltam os mais característicos representantes zoológicos do Novo Mundo como o tamanduá, o tapir, o tucano, a jiboia, acompanhados de um elefante africano, de um pavão asiático e de um cavalo como os que os europeus exportaram para a América.

Igualmente lenta, porém muito mais rica de consequências, foi a conquista da Europa por parte das plantas americanas. A batata, o tomate, o milho e o cacau, que irão se impor na agricultura e na alimentação de todo o Ocidente, o algodão e a borracha, que dominarão grande parte da produção industrial, e o tabaco, que terá um papel tão importante nos hábitos comportamentais, demoram a ser conhecidos como plantas novas. No século XVI, o estudo da natureza ainda era baseado em autores gregos e latinos; não eram o novo e o diferente que atraíam os estudiosos, mas apenas aquilo que bem ou mal pudesse ser classificado com os nomes herdados dos clássicos.

Na exposição, vemos uma aquarela flamenga ou alemã datada de 1588 que tem um valor histórico extraordinário, pois é a primeira representação que se conhece da batata, importada do Peru pela Espanha poucos anos antes, e uma gravura que é a primeira ilustração de um pé de tabaco, publicada em 1574 em Antuérpia. Uma pequena cabeça de índio expelindo nuvens de fumaça através de um estranho cachimbo vertical lembra o curioso costume que, a partir de Colombo, nenhum explorador deixará de notar: à planta eram atribuídas propriedades ora terapêuticas, ora tóxicas.

No século XVII são os holandeses, depois de expulsarem os espanhóis do Brasil e antes de serem expulsos, por sua vez, pelos portugueses, que mandam cientistas e artistas para estudar a natureza da colônia. Albert Eckout marca o encontro entre a natureza holandesa e a vegetação brasileira. Melancias, cajus, uma graviola, uma flor de passiflora e um abacaxi campeiam contra o céu, como uma montanha de sabores e perfumes. Abóboras e pepinos da América se misturam a couves e nabos europeus, celebrando a união do mundo das hortaliças daqui e de além-Atlântico.

Um quadro de Franz Jansz Post, conservado no Louvre, assinala o momento em que a pintura holandesa de paisagem entra em contato com a natureza do Brasil. E aqui é realmente um *outro* mundo que se abre diante de nós, com um sentido de vertigem: uma fortificação militar quase perdida perante o espaço largo e calmo do rio; em primeiro plano um cacto ramificado como uma árvore, um estranho animal (é a capivara, o maior dos roedores), e tudo circundado de um calor como de ar pesado.

Pelos quadros seiscentistas de Franz Post no Brasil ainda corre o sopro ansioso da descoberta, a perturbação do encontro com algo de indefinido, algo que não entra em nossas expectativas. A primeira observação sugerida pela mostra do Grand Palais é que o Velho Mundo colhe com mais força as imagens do Novo quando ainda não sabe bem de que se trata, quando as informações são raras e parciais, e pena-se para separar a realidade dos erros e das fantasias.

No mesmo século XVII em que alguns pintores holandeses descobriram o Brasil, a América se torna, nos quadros de outros pintores, uma personagem alegórica: é classificada como uma das quatro partes do mundo e, como ocorre com as figuras mitológicas, cabe a ela uma série de atributos convencionais.

Por sua vez, as diferenciações internas da América são registradas numa sumária tipologia das várias colônias. Para ensinar geografia ao menino Luís XIV, fazem-no brincar com mapas geográfico-alegóricos desenhados por Stefano della Bella.

Para outros pintores, ela oferece já quase sem mistério um repertório de perspectivas de efeito à ótica paisagista europeia.

Desde o século XVIII a América é, para a Europa, a encarnação de ideias e mitos políticos e intelectuais: o bom selvagem de Rousseau, a democracia de Montesquieu, o fascínio romântico dos peles-vermelhas, a luta contra a escravidão.

A alegoria corresponde à necessidade que a Europa tem de pensar a América segundo seus próprios esquemas, de tornar conceitualmente definível aquilo que era e continua sendo a *diferença*, talvez a irredutibilidade americana, isto é, o fato de ter sempre algo a dizer à Europa — desde o primeiro desembarque de Colombo até hoje — que a Europa não sabe.

Essa constante alegórica é sublinhada pela última peça da exposição, um quadro francês do final do século XIX que nos recorda que a estátua da Liberdade foi concebida e construída em Paris entre 1871 e 1886. Em sua realização colaboraram, além do escultor Bartholdi, o restaurador de Notre-Dame, Viollet-Le-Duc, e o engenheiro Eiffel, construtor da torre. Assim como hoje contra o fundo de arranha-céus, a estátua se erguia sobre as mansardas de Paris, antes de ser desmontada e transportada em navio para Nova York.

A exposição termina aqui e talvez não pudesse ir mais além, porque os termos mudaram nos últimos cem anos. Não há mais uma Europa que possa olhar a América do alto de seu passado, de seu saber e de sua sensibilidade. A Europa já traz em si tanto de América — não menos que a América leva em si a Europa — que o interesse em observar-se — não menos forte e jamais frustrado — assemelha-se cada vez mais ao que se sente diante de um espelho: um espelho dotado do poder de revelar-nos alguma coisa do passado ou do futuro.

[1976]

3. O VIAJANTE NO MAPA

A forma mais simples de carta geográfica não é aquela que hoje nos parece a mais natural, ou seja, o mapa que representa a superfície do solo como se vista por um olho extraterrestre. A primeira necessidade de fixar os lugares no papel está ligada à viagem: é o memorando da sucessão das etapas, o traçado de um percurso. Trata-se, pois, de uma imagem linear, tal como só se pode dar numa longa faixa. As cartas romanas eram rolos de pergaminho, e podemos entender como eram feitas por uma cópia medieval que se conservou até nossos dias: a "tábua de Peutinger", que compreende todo o sistema de estradas do Império desde a Espanha até a Turquia.

A totalidade do mundo então conhecido aparece aplainada horizontalmente à maneira de uma anamorfose. Como o que interessa são as estradas terrestres, o Mediterrâneo é reduzido a uma estreita faixa horizontal ondulada que separa duas faixas mais largas, isto é, a Europa e a África, de modo que a Provença e a África do Norte são muito próximas, assim como a Palestina e a Anatólia. Essas faixas continentais são percorridas por linhas sempre horizontais e quase paralelas, que são as estradas, entremeadas por linhas serpentinas, que são os rios. Os espaços em volta são cheios de nomes escritos e indicações de distâncias; as cidades são assinaladas por caixinhas desenhadas de várias formas.

Não se pense que esse modelo linear valha apenas para a Antiguidade: há um mapa de rolo inglês de 1675 com o itinerário de Londres a Aberystwyth, em Gales, que também permite orientar-se mediante rosas dos ventos assinaladas em cada segmento de estrada.

Na fronteira entre a cartografia e a pintura paisagista em perspectiva, um rolo japonês do século XVIII com dezenove metros representa o itinerário entre Tóquio e Kyoto: uma paisagem minuciosa, em que se vê a estrada superar alturas, atravessar bosques, margear vilarejos, cavalgar rios sobre pontes arqueadas, adaptar-se às características do terreno pouco acidentado. É uma paisagem sempre agradável à vista, ausente de figuras humanas, embora cheia de sinais de vida concreta. (Não são representados os pontos de partida e de chegada, ou seja, as duas cidades, cuja imagem certamente contrastaria com a harmonia uniforme da paisagem.) O rolo japonês convida a identificar-se com o viajante invisível, a percorrer aquela estrada curva após curva, subindo e descendo as pequenas pontes e as colinas.

Seguir um percurso do início até o fim dá uma especial satisfação tanto na vida quanto na literatura (a viagem como estrutura narrativa), e há que se perguntar por que nas artes figurativas o tema do percurso não tenha tido tanta fortuna e apareça apenas esporadicamente. (Lembro que um pintor italiano, Mario Rossello, recentemente pintou um quadro longuíssimo, também em formato de rolo, que representa um quilômetro de autoestrada.)

A necessidade de abranger numa imagem a dimensão do tempo com a do espaço está nas origens da cartografia. Tempo como história do passado: penso nos mapas astecas sempre repletos de figurações histórico-narrativas, mas também nas cartas medievais, como um pergaminho com iluminuras para o rei da França feito pelo famoso cartógrafo de Maiorca Cresques Abraham (século XIV). E tempo no futuro: como presença de obstáculos que se encontrarão na viagem, e aqui o tempo atmosférico se solda ao tempo cronológico; essa função é preenchida pelas cartas dos climas, como aquela desenhada já no século XII pelo geógrafo árabe El-Edrisi.

Enfim, a carta geográfica, ainda que estática, pressupõe uma ideia narrativa, é concebida em função de um itinerário, é uma odisseia. Nesse sentido, o exemplo mais apropriado é o códice asteca das peregrinações, que narra por meio de figuras humanas e traçados geométricos o êxodo daquele povo — ocorrido entre 1100 e 1315 — até a terra prometida, que era o local que mais tarde se tornaria a atual Cidade do México.

(Se existe o mapa-Odisseia, não pode faltar o mapa-Ilíada: de fato, desde os tempos mais antigos as plantas das cidades sugerem a ideia de cerco, de assédio.)

Essas reflexões me ocorreram enquanto visitava a exposição "Cartas e figuras da Terra", no Centro Pompidou de Paris, e folheava o volume publicado por ocasião da mostra.

Em um ensaio do volume, François Wahl observa como a representação do globo terrestre só começa quando as coordenadas usadas para simbolizar o céu são referidas à Terra. Os parâmetros celestes (eixo polar e plano equatorial, meridianos e paralelos) têm seu ponto de encontro na esfera terrestre, ou seja, no centro do universo ("erro mais fecundo que nenhum outro"). Já Estrabão via a geografia como aproximação da Terra ao céu. A rotundidade da Terra e a quadratura das coordenadas adquirirão evidência como projeção do esquema do cosmo sobre o nosso microcosmo. "Só pudemos descrever a Terra porque nela projetamos o céu."

As esferas do firmamento e do globo terrestre se aproximam em muitas figurações, tanto orientais quanto ocidentais. Dois gigantescos globos de doze metros de circunferência — um mapa-múndi e um globo celeste — são o ponto forte da exposição e ocupam todo o Fórum do Centro Pompidou. São os maiores mapas-múndi jamais construídos, encomendados por Luís XIV ao frade menor veneziano Vincenzo Coronelli, cosmógrafo da Sereníssima (autor, entre outros, de um catálogo das ilhas da Laguna com o belíssimo título de *Isolário*). Esses globos estavam desde 1915 desmontados em caixas em Versalhes: tê-los transportado a Paris, restaurado e remontado sobre seus monumentais pedestais e suportes barrocos em mármore e bronze esculpidos é um acontecimento que basta para tornar esta mostra memorável.

O globo celeste representa o firmamento como era no dia em que nasceu o Rei Sol, com todas as alegorias zodiacais pintadas em tons de azul. Mas a grande maravilha é o mapa-múndi em tons castanhos e ocres, historiado de figuras (por exemplo, atrocidades de selvagens canibais) e de inscrições com as notícias transmitidas por exploradores e missionários que preenchem os vazios onde a forma dos lugares ainda permanece incerta.

Coronelli transforma a Califórnia em ilha, comentando numa explicação: "Certos loucos dizem que a Califórnia é uma península...". E em outra passagem: "Aqui se diz que haveria uma ilha, mas isso é falso, e eu não registro". Quanto às nascentes do Nilo, depois de tê-las assinalado num ponto e de posteriormente as ter deslocado, segundo um novo testemunho, Coronelli termina por inserir um texto sobre as cheias do rio, que se encerra candidamente com as seguintes palavras: "Vi-me com um espaço a ser preenchido e inseri esta inscrição".

A documentação geográfica sobre as novas explorações que chegava a Paris naquela época era recolhida no Observatório onde Gian Domenico Cassini mantinha um grande planisfério atualizado. Coronelli devia buscar ali suas informações, o que o obrigava a corrigir continuamente seu trabalho; mas os progressos da cartografia mais embaraçavam que ajudavam esse homem, que ainda enxergava a geografia segundo o modo fantasioso dos antigos compiladores, e não como uma ciência moderna.

É preciso ressaltar que apenas com o avanço das explorações o inexplorado adquire direito de cidadania no papel. Antes, aquilo que não se via não existia. A exposição parisiense enfatiza esse aspecto de um saber para o qual cada nova aquisição abre a consciência de novas lacunas, como nas séries de mapas em que as costas da América do Sul, tocadas por Magellano em sua primeira viagem, são consideradas como se pertencessem à ainda desconhecida Austrália. A geografia se constitui como ciência por meio da dúvida e do erro. (Popper deveria ficar contente.)

A moral que emerge da história da cartografia é sempre de redução das ambições humanas. Se na carta romana estava implícito o orgulho de identificar a totalidade do mundo com o Império, vemos a Europa se tornar pequena em comparação ao resto do mundo no mapa de Fra Mauro (1459), um dos primeiros planisférios desenhado com base nos relatos de Marco Polo e nas circunavegações da África, no qual a inversão dos pontos cardeais acentua a reviravolta de perspectivas.

É como se representar o mundo sobre uma superfície limitada o fizesse retroceder automaticamente a microcosmo, remetendo à ideia de um mundo maior que o contém. Por isso o mapa muitas vezes se situa na fronteira entre duas geografias, a da parte e a do todo, a da terra e a do céu, céu que pode ser firmamento astronômico ou reino de Deus. Um painel árabe feito em Constantinopla no século XVI exibe um mapa do mundo muito preciso, sobre o qual está fixada uma bússola (verdadeira); um ponteiro de prata tem seu eixo em Meca, para que o fiel possa orientar suas preces na direção correta, onde quer que se encontre.

Por todos esses aspectos, vê-se como o impulso subjetivo está sempre presente numa operação que parece baseada na mais neutra objetividade, como a da cartografia. O grande centro cartográfico do Renascimento está numa cidade em que o tema espacial dominante é a incerteza e a variabilidade, já que os limites entre terra e água mudam continuamente: Veneza, onde os mapas da Laguna devem sempre ser refeitos. (Em Veneza, no século XVII, Vestri desenha um mapa das correntes que só agora as prospecções por satélite, realizadas para determinar o grau de poluição da Laguna, confirmam ponto por ponto.) No século XVII, o primado dos venezianos passará aos holandeses, com suas dinastias de grandes cartógrafos artistas como os Blaeu, de Amsterdã — outro país onde os confins entre terra e água são incertos.

■ *ITALO CALVINO*

A cartografia como conhecimento do inexplorado procede *pari passu* com a cartografia como conhecimento do próprio habitat. Aqui as origens remontam à demarcação dos confins nos mapas patrimoniais, de que um dos primeiros exemplos pode ser identificado num grafite pré-histórico de Val Camonica. (É interessante notar que, enquanto as fronteiras das propriedades sempre foram escrupulosamente traçadas desde a Antiguidade mais remota, uma precisão semelhante no estabelecimento dos confins entre Estados parece ser uma preocupação recente. Um dos primeiros tratados que fixam as fronteiras de modo não aproximativo foi o de Campoformio, em 1797, quando, durante o período napoleônico, a geografia militar e política assume uma importância sem precedentes.)

Entre a cartografia que olha para além e a cartografia que se concentra no território familiar há uma relação contínua. No século XVII, a expansão da frota francesa demandava uma produção regular de madeira, mas as florestas da França estavam escasseando e se consumindo. Então Colbert percebe a necessidade de um relevo cartográfico exaustivo das florestas francesas, de maneira a ter sempre à disposição o montante dos recursos em troncos de árvores a fim de planificar racionalmente o reabastecimento e o transporte da madeira para os estaleiros. É nesse momento que, justamente para sustentar a expansão marítima, o conhecimento geográfico do território interno se torna a principal necessidade da França.

Então, para dirigir o observatório astronômico, Colbert chama a Paris Gian Domenico Cassini (1625-1712), nascido em Perinaldo, perto de San Remo, professor na Universidade de Bolonha. E aqui reencontramos a ligação entre céu e terra: é do Observatório de Paris que uma dinastia de astrônomos, os Cassini, trabalha por quatro gerações num minuciosíssimo mapa da França, cujos problemas teóricos de triangulação e de mensuração são postos no centro do debate científico, e cuja confecção pormenorizada durará mais de sessenta anos.

Na mostra, o mapa dos Cassini (numa escala de uma "li-

30

nha" para cem braças, isto é, de 1 por 86400) está exposto numa reprodução que invade um estande inteiro, alastrando-se das paredes para o pavimento. Cada floresta aparece desenhada árvore por árvore, cada igrejinha tem seu campanário, cada vilarejo é quadriculado teto por teto, de modo que se tem a vertiginosa impressão de ter sob os olhos todas as árvores e todos os campanários e todos os telhados do reino de França. E aí não se pode deixar de lembrar o conto de Borges sobre o mapa do Império chinês que coincidia com a extensão do próprio Império.

Do mapa dos Cassini desapareceram as figuras humanas que Coronelli ainda sentira a necessidade de inserir nas extensões de seu mapa-múndi; mas são justamente essas áreas desertas, desabitadas, que despertam na imaginação o desejo de vivê-las por dentro, de encolher até encontrar o próprio caminho no emaranhado dos signos, de percorrê-las, de perder-se.

Se por um lado a descrição da Terra remete à descrição do céu e do cosmo, por outro remete à própria geografia interior. Entre os documentos expostos há fotografias de grafites misteriosos que poucos anos atrás apareciam nos muros da cidade nova de Fez, no Marrocos. Descobriu-se que eram feitos por um vagabundo analfabeto, camponês emigrado que não se integrara na vida urbana e, para reencontrar-se, sentia a necessidade de traçar itinerários num mapa secreto, sobrepondo-o à topografia da cidade moderna que continuava sendo estranha e hostil a ele.

Procedimento oposto e simétrico ao de um padre italiano do início do século xiv, Opicinus de Canistris. Mudo, com o braço direito paralisado, meio desmemoriado, frequentemente tomado por visões místicas e pela angústia do pecado, Opicinus tem uma obsessão dominante: interpretar o significado das cartas geográficas. Ele desenha continuamente o mapa do Mediterrâneo, a forma das orlas de frente e do avesso, às vezes sobrepondo nele o desenho da própria carta em posições diversas, e, inseridas nesses traçados geográficos, faz aparecer figuras

■ *ITALO CALVINO*

humanas e animais, personagens de sua vida e alegorias teológicas, cópulas sexuais e aparições angélicas, acompanhadas de um denso comentário escrito sobre a história de suas desventuras e vaticínios sobre o destino do mundo. Caso extraordinário de *art brut* e de loucura cartográfica, Opicinus não faz senão projetar o próprio mundo interior no mapa das terras e dos mares. Num procedimento inverso, a sociedade das "preciosas" do século XVII buscará representar a psicologia segundo o código das cartas geográficas: o "mapa do terno" idealizado por mlle. de Scudéry, em que um lago é a Indiferença, uma rocha é a Ambição, e assim por diante. Essa ideia topográfica e extensiva da psicologia, que indica relações de distância e de perspectiva entre as paixões projetadas numa extensão uniforme, dará lugar, com Freud, a uma ideia geológica e vertical da psique profunda, feita de estratos sobrepostos.

[1980]

4. O MUSEU DOS MONSTROS DE CERA

Numa vitrine de rua, uma jovem mulher jaz supina numa esvoaçante veste branca guarnecida de bordados, o rosto de linhas delicadas adormecido num amarelo mortuário, o seio castamente coberto subindo e palpitando numa respiração regular. Pouco mais adiante um cartaz exibe, fotografados em cores, dois irmãos siameses, ou melhor, um único menino que acima do estômago se desdobra em dois idênticos. Ao redor, uma fachada de tela pintada de vermelho com frisos dourados e a escrita: "Grand Musée anatomique-ethnologique du dr. P. Spitzner".

Por mais de oitenta anos, a partir de 1856, o museu de ceras anatômicas do dr. Spitzner foi atração em feiras, especialmente nas cidades da Bélgica. A princípio fora instalado em Paris, numa sede estável, com todos os sacramentos da instituição científica (oitenta de suas peças provinham da famosa coleção de modelos patológicos do dr. Dupuytren); várias vicissitudes fizeram dele um museu errante, que encontrou o lugar mais apropriado entre barracões de feira, carrosséis, tiros ao alvo e picadeiros. Mas ele continuou proclamando sempre suas intenções educativas e moralizadoras: o folheto do programa se iniciava com uma espécie de decálogo de propaganda da saúde, primeira alegria e primeiro dever dos bons cidadãos; as visões horripilantes que o museu apresentava (tumores, úlceras e bulbos, ou fígados cirróticos e estômagos fibrosos) deviam inculcar nos jovens o terror das doenças venéreas e do alcoolismo. Mas as seções dedicadas a essas doenças "culpáveis" eram apenas uma parte, ainda que importante, da exposição, cujo conjunto parecia convidar a fixar os olhos naquilo que habitualmente tendemos a evitar: as alterações possíveis de nossa carne, a fisionomia oculta de nossas vísceras, o dilaceramento que sentimos em nós mesmos se assistimos a uma operação cirúrgica.

A essa pedagogia do abjeto unia-se estranhamente uma documentação etnológica: uma fileira de estátuas de cera representando os selvagens boxímanes ou australianos ou índios da América, em tamanho natural, uma visão que naqueles tempos pré-cinematográficos devia causar muito mais "efeito" do que hoje podemos imaginar. Observando bem, nessa seção etnológica também predominava o tema comum a todo o museu: a nudez "diferente", íntima como toda nudez, mas distanciada pela doença, pela deformidade ou pelo estranhamento de civilização ou de raça, com o acréscimo do mal-estar que a cera provoca quando imita a palidez da pele humana.

No entanto, não está muito claro quem era esse dr. Spitzner. Suspeita-se que não fosse nem mesmo médico. Nas fotografias, tanto ele quanto a mulher mais parecem empresários de feira que apóstolos da ciência; mas nunca se sabe. Certo, o sadismo, componente chave do mundo visual que ele nos propõe, era de estampo diverso daquele mais lírico do florentino Clemente Susini, ou daquele mais feiticeiro do napolitano Raimondo di Sangro, ou do puramente espetacular da inglesa de adoção Marie Tussaud. Mas estes três nomes pertenciam ao século XVIII, com a complexidade de atitudes intelectuais e psicológicas que aquela época implica; já a data de fundação do Museu Spitzner nos conduz ao pleno período do positivismo, do cientificismo e da pedagogia divulgativa; seja como for, data não menos gloriosa quando se pensa que é a mesma da publicação das *Flores do mal*, de *Madame Bovary* e dos relativos processos contra o que então era execrado ou exaltado como "exploração do verdadeiro".

Assim como aqueles casos sublimes, a não bem definida empresa do dr. Spitzner também teve de lutar contra a hostilidade dos bem-pensantes, as censuras da autoridade, os protestos dos pais de família; e as mesmas batalhas se repetiram em nosso século, quando a senhora Spitzner, já viúva, reativou o museu itinerante nos anos 1920. O fato é que nas memórias de vários escritores e artistas belgas a primeira entrada trepidante no pavilhão do Museu Spitzner ocupa um lugar sugestivo: basta dizer que Paul Delvaux declarou que, para a formação de seu mundo visionário, esta foi a experiência fundamental, antes mesmo da descoberta de De Chirico.

Perdido durante a guerra (que destruiu num bombardeio seus cartazes coloridos, com certeza um elemento relevante de seu fascínio), reencontrado num depósito, o museu do dr. Spitzner foi agora reconstruído e exposto temporariamente em Paris no centro cultural belga, na praça de Beaubourg. A primeira coisa que impressiona é constatar como a fiel imitação da natureza, em vez de parecer intemporal, surge carregada dos tons da época. É o olhar com que esses modelos foram concebidos que é oitocentista: simultaneamente de atração e de distanciamento, de celebração do "verdadeiro" e de reprovação.

Na reconstrução do ambiente buscou-se preservar a atmosfera entre o científico e o espúrio, mistura de laboratório hospitalar, necrotério e barraca de parque de diversões, que devia ser seu antigo aspecto, inclusive a penumbra da qual se destacam a nudez cadavérica e a musiqueta abafada de banda do interior. Falta apenas a voz dos apregoadores e dos cicerones que — segundo as crônicas — ilustravam a "Vênus anatômica" desmontável em quarenta peças, passando da fragrância sedutora da epiderme ao escuro emaranhado dos vasos sanguíneos e dos gânglios, ao intricado dos nervos, à brancura do esqueleto.

Estão expostos não só modelos de cera, mas também objetos naturais, como uma pele humana completa, inteiramente montada, de um homem de 35 anos (peça única, adverte o catálogo, que nenhum museu do mundo possui): este tapete humano, esmagado como uma flor nas páginas de um livro, pareceu-me, ali onde estava, a imagem mais fraterna e repousante. Devo admitir que jamais senti atração por vísceras (assim como nunca me senti fortemente inclinado a explorar a interioridade psicológica); daí talvez minha preferência por esse homem todo em extensão, desdobrado em toda a sua superfície, avesso a qualquer espessura e a qualquer intenção recôndita.

Em suma, para além das conhecidas atmosferas, a exposição do dr. Spitzner não pode ter em mim um bom cronista: meu olhar tendia instintivamente a escapar de qualquer imagem em que o interior se expande para fora. Sobretudo no pavilhão das doenças venéreas, onde preferi não me deter, confortado pela notícia consoladora de que alguns aspectos clínicos nele representados hoje desapareceram por causa dos progressos terapêuticos. (Isso está dito no catálogo que enaltece o interesse histórico da exposição até para o médico especialista, já que hoje certas lesões sifilíticas "abandonaram a cena patológica".)

Prefiro reclinar-me em recolhimento sobre a redoma de vidro que cobre uma reprodução da cabeça guilhotinada do anarquista Caserio, modelada em cera logo depois de o original ter caído no cesto (1894), com o talho do pescoço tão fresco quanto se estivesse num açougue, a expressão fixada para sempre nos olhos esbugalhados e tortos, nas narinas dilatadas, nas mandíbulas tesas: um resultado não muito diferente de um flagrante fotográfico com flash, mas aqui a objetivação é absoluta e sem resíduos.

O exemplo de fantasia sádico-surrealista mais inacreditável se encontra entre as representações das fases do parto e das operações ginecológicas. Um manequim completo de paciente com corte cesariano aparece de olhos abertos, o rosto contraído de dor, o penteado impecável, os tornozelos amarrados, metida num camisolão com recamos que se abre somente na parte rasgada pelo bisturi, onde desponta o feto. Quatro mãos de homem estão pousadas sobre o corpo (duas que operam e duas que lhe apertam a cintura): mãos longas e céreas, de unhas bem cuidadas, mãos fantasmagóricas porque não sustentadas por braços, mas apenas guarnecidas de cândidos punhos e de barras das mangas de um paletó preto, como se toda a cerimônia se passasse entre pessoas em trajes noturnos.

Entre os atrativos que faziam (e fazem) o público acorrer está certamente a que figura no catálogo como "coleção dos monstros". Há uma reprodução em cera do púbis de um tal John Chiffort, "nascido no condado de Lancashire, feita a partir do modelo real aos vinte anos de idade; ele possui três pernas e dois pênis, ambos aptos à procriação". Se não fosse pela perna central, atrofiada e francamente desagradável à vista, os dois pênis, simétricos e paralelos, têm uma tamanha naturalidade e urbanidade que poderiam muito bem ser a dotação normal de qualquer homem.

Caso oposto é o dos irmãos Tocci, nascidos na Sardenha em 1887, que tinham cada um sua cabeça e seu par de braços e ombros perfeitamente normais, mas da altura do estômago para baixo eram uma única pessoa, com um único ventre e um único par de pernas. Seu manequim de cera (também reproduzido nos cartazes da exposição) os representa numa idade aparente de nove ou dez anos, e a emoção que suscita é acentuada pelo fato de que seus rostos são os de dois lindos meninos de ar esperto. "Atualmente gozam de excelente saúde e fizeram uma turnê nas principais capitais da Europa. Eles são incontestavelmente o fenômeno mais curioso que já se pôde ver." Esse texto tirado do velho catálogo é acompanhado de uma nota de atualização que diz: "Em 1897, depois de terem feito fortuna, os irmãos Tocci se casaram com duas irmãs e se retiraram para uma propriedade nos arredores de Veneza, onde teriam morrido em 1940 com a idade de 63 anos".

O problema é que essas notícias apresentadas pelo catálogo são em grande parte falsas. Posso afirmar isso porque justamente nestes dias caiu-me nas mãos o recente volume de Leslie Fiedler, *Freaks*, que, além de capítulos sobre anões, gigantes, mulheres barbadas e hermafroditas, contém cerca de trinta páginas sobre os irmãos siameses cheias de informações essenciais. Segundo o livro, Giovanni Battista e Giacomo Tocci, batizados como duas pessoas diferentes embora fossem uma só da sétima costela para baixo, deviam suportar outra grave deficiência: seu único par de pernas não era capaz de sustentá-los nem de fazê-los caminhar. (De fato, no modelo do dr. Spitzner os vemos apoiados num corrimão.) Essa imobilidade limitava muito as possibilidades da dupla nas exibições de "fenômenos vivos", de modo que, depois de uma turnê internacional muito breve, mas extenuante, os irmãos tiveram de renunciar à carreira circense e se retiraram para a Itália, onde se apagaram tristemente (não encontro a data, mas provavelmente em jovem idade).

A notícia do matrimônio com duas irmãs talvez derive da contaminação com outra história verdadeira (a única do gênero que de algum modo pode ser considerada de "final feliz"): a de dois irmãos siameses epônimos (isto é, aqueles cuja fama está na origem do uso da palavra "siameses" para designar todos os irmãos que nascem ligados por uma parte do corpo), Chang e Eng, nascidos em 1811 no Sião, filhos de uma pobre família chinesa, e mortos nos Estados Unidos em 1874. Rapidamente feitos reféns de empresários inescrupulosos, que os transportaram para a América achando que podiam dispor deles como se fossem objetos, Chang e Eng foram capazes de conquistar independência e de administrar a própria fortuna sem se deixar explorar nem mesmo pelo ávido Barnum, em cujo circo se exibiram até 1839.

A história de Chang e Eng é o triunfo da previdência chinesa misturada com a crença americana na superação das adversidades e dos preconceitos: de fato eles conseguiram retirar-se para o campo, na Carolina do Norte, e conquistar o respeito do mundo fechado dos agricultores brancos, tanto que se casaram com duas irmãs, filhas de um abastado proprietário, além de pastor da Igreja batista. De suas esposas tiveram respectivamente doze e dez filhos, todos normais, de modo que hoje seus descendentes chegam a mil cidadãos americanos.

A imagem dos irmãos Tocci nos cartazes pregados nos muros estimulou a imaginação de Mark Twain, que esboçou um conto inspirado no caso deles, assim como a história de Chang e Eng já lhe havia dado matéria para outro conto. (O tema do "duplo" é recorrente em sua obra.) O livro de Fiedler, cujo subtítulo é *Myths and images of the secret self*, registra e combina notícias históricas com invenções literárias e cinematográficas e com a evocação dos arquétipos míticos. As páginas mais interessantes do livro continuam sendo as histórias verídicas: a vida dos "fenômenos vivos" no mundo do circo, quase sempre histórias muito tristes.

Mas o ponto de partida do volume de Fiedler é uma reflexão sobre a sorte mutável do termo *freaks*, antes conotado por um fascinado horror, mas que agora foi apropriado "como um título honorífico por jovens fisiologicamente normais mas dissidentes, também conhecidos por hippies ou cabeludos". Fiedler parte daí para pesquisar o valor que as formas de "diversidade" física assumiram nas várias culturas, como interrogação sobre os limites e os papéis que definem a existência humana. Nesse quadro, o museu de cera do dr. Spitzner pode dar impulso a algumas reflexões complementares.

[1980]

5. O PATRIMÔNIO DOS DRAGÕES

Como tantas outras coisas, o estudo dos dialetos na França começa na era napoleônica. Em 1807, a direção de estatística do Ministério do Interior ordena uma pesquisa em todas as prefeituras: trata-se de reunir uma coleção de versões da parábola do filho pródigo nos diversos patoás e idiomas falados na França. Chega-se à escolha desse texto base depois de outras tentativas (por exemplo, uma compilação de sermões dominicais) e por fim se concentra naquele episódio que, tal como é narrado nos versículos de São Lucas, apresenta os requisitos da simplicidade e da universalidade, além de um representativo léxico do cotidiano. Com a Restauração, o departamento de estatística é fechado, mas a pesquisa é levada adiante pela Société Royale des Antiquaires até a reunião de trezentas versões.

Essas notícias já bastam para dar uma ideia de como as questões do estudo da cultura popular na França são vistas de maneira diferente da nossa. Na França a multiplicidade das culturas locais jaz como escondida sob a maciça hegemonia da unidade linguística e cultural da nação (ao passo que na Itália as proporções são invertidas), e o impulso para o conhecimento desse mundo oculto nasce com a consciência de que ele estaria prestes a extinguir-se. (Na França e na Itália, os tempos de sobrevivência histórica é que são diversos: para nós, até ontem parecia que os usos e as mentalidades tradicionais fossem inextirpáveis, mas depois eles começaram a desaparecer de repente;

na França, tornam-se rapidamente marginais, mas por isso mesmo têm uma sobrevivência longuíssima.)

A exposição montada no Grand Palais, intitulada "Hier pour demain: Arts, Traditions et Patrimoine", percorre as origens da descoberta "etnográfica" da França na época das Luzes, quando a Enciclopédia valoriza e cataloga os instrumentos e as operações das "artes mecânicas". Às *planches* dedicadas aos ofícios artesanais a exposição acrescenta um verdadeiro tear de meias da época, com lindas meias de seda bordadas de produção setecentista. "O tear para fazer meias é uma das máquinas mais complicadas e mais coerentes que temos", diz o comentário filosófico de Diderot. "Pode-se considerá-la como um único raciocínio do qual a fabricação do produto é a conclusão."

Ao mesmo tempo, um passo decisivo é dado pela Société Royale d'Agriculture, quando o pastor, figura edulcorada da convenção bucólica nas artes e nas letras, se torna um sujeito de conhecimento técnico com manuais como o *Tratado dos animais de lã ou método de criação e governo dos rebanhos* (1770) ou as *Instruções para os pastores e os proprietários de armentos* (1782). Também aqui a exposição do Grand Palais põe lado a lado os documentos escritos e artísticos e os objetos e instrumentos da vida prática: nesse caso, coleiras de cachorro com esporões de ferro ou bastões com a ponta em colher, para lançar torrões contra carneiros desobedientes.

Etnógrafos à revelia foram os médicos da Société Royale de Médecine que exploraram as zonas rurais para investigar a origem e a difusão das doenças epidérmicas e profissionais. Suas "topografias médicas" contêm descrições de cenas de vida das famílias camponesas e de trabalhos artesanais como o da rendeira ou do soprador de vidros.

Ao mesmo tempo em que empurra o povo para a ribalta da história, a Revolução Francesa não faz muito para conhecê-lo concretamente, apesar dos esforços de um curioso tipo de estudioso, o Abbé Grégoire, que quis utilizar a rede das "sociedades patrióticas" locais para distribuir um questionário sobre os dialetos e as usanças dos camponeses. De fato, a Revolução é obrigada a constatar a disparidade cultural que separa as plebes urbanas (os *sans-culottes* armados de chuços) das rurais (os *chouans* armados de foices), relegando a "França selvagem" entre os vestígios do passado a ser destruído sem piedade. Em suma, dos dois aspectos da cultura das Luzes — o de um progresso unilinear e unificante e o do conhecimento detalhado das diversidades e de seus motivos —, a Revolução, na lógica do centralismo jacobino, só assimila o primeiro.

A retomada só acontecerá no clima da reação romântica às Luzes, quando a Academia Céltica se propõe a reconstruir a imagem de uma civilização autóctone da Gália druídica, contraposta à civilização greco-romana exaltada pelos revolucionários. Mas esses contrastes ideológicos estão mais em nossa ótica esquemática que nos fatos, pois os estudiosos da Academia Céltica eram pessoas ainda formadas na cultura das Luzes, e suas investigações e seus métodos de pesquisa eram modelos de modernidade científica.

Uma das primeiras iniciativas da Academia Céltica foi fazer um recenseamento dos dragões: há cerca de vinte cidades francesas em que, uma vez ao ano, se levava (ou se leva) um dragão de papel machê em procissão. A lenda a que a festa se refere é quase igual em toda parte: a oferenda de meninas ao monstro, a libertação por parte de um santo ou de uma santa. O dragão tem dois aspectos: inimigo terrificante na lenda, torna-se na procissão uma presença carnavalesca e pachorrenta, com a qual a cidade se identifica e busca proteção. Os leitores de *Tartarin*, que lembram como a cidade de Tarascon se orgulhava de sua Tarasque, podem encontrar nesta exposição um grande quadro naïf dos tarasconenses carregando a dragoa pelas ruas.

Reproduzido nos cartazes, esse quadro promete ao visitante uma exposição mais viva e alegre do que é na realidade. Como podemos facilmente imaginar, não há nada mais tedioso que paredes cheias de ilustrações sobre a vida do camponês no século XIX. E as fotografias de lavadeiras em trajes bretões não parecem muito mais excitantes. O fato é que, na literatura e nas artes oitocentistas, a imagem da vida rural repousava sobre uma ideologia reconfortante: o campo era o mundo saudável e das virtudes perdidas, em contraposição à cidade. De uma ideia tão falsa e tediosa só podiam emergir representações falsas e tediosas, como a exposição demonstra abundantemente.

Mas o que nos interessa são as exceções a esse quadro. Maurice Sand, por exemplo, filho de George Sand (que hoje volta a ser reeditada e lida, tanto em chave feminista quanto, justamente, em chave "etnográfica"), ilustrou as "lendas rústicas" da mãe com desenhos românticos à Doré de um visionarismo alucinado, que já consegue ser muito inquietante. E há sobretudo o desenhista etnógrafo Gaston Vuillier (1845-1915), que, atraído pelas práticas de bruxaria e pelo ocultismo camponês, tinha ao mesmo tempo escrúpulo de fidelidade documentária e sentido do efeito insólito. (Consta que ele também teria visitado a Sicília e a Sardenha, fazendo desenhos sobre as práticas mágicas; valeria a pena recuperá-los.)

Claro, para além dos quadros, das fotografias e dos conhecidos e previsíveis trajes regionais, falam mais alto os objetos. Grande parte desses materiais provém do Museu das Artes e Tradições Populares que há doze anos mantém uma sede no Bois de Boulogne e que é um modelo de apresentação museográfica. Ao passo que no museu o material é apresentado segundo uma classificação sistemática, aqui na mostra (dirigida pelo próprio curador do museu, Jean Cuisenier) o ordenamento é histórico: é a história do interesse etnográfico da França por si mesma. Para quem percorre a exposição, é um pouco como folhear a *Storia del folklore in Europa* do nosso Giuseppe Cocchiara, um livro publicado cerca de trinta anos atrás e que continua sendo a síntese mais útil para enquadrar historicamente os vários tipos de abordagem da cultura erudita aos territórios mais distantes dela.

Nos últimos tempos, a pesquisa histórica tem tentado estender essa rede de relações para trás, isto é, redefinir oposições e interações entre cultura erudita e cultura popular desde o Renascimento, se não da Idade Média; nesse sentido se orienta o mais recente livro sobre o assunto saído na Itália, obra de um historiador inglês: *Cultura popular na Idade Moderna*, de Peter Burke.

Naturalmente também nessa ótica, o núcleo século XVIII-século XIX continua sendo decisivo. "A descoberta da cultura popular", diz Peter Burke, "teve lugar sobretudo naquilo que se podia chamar de periferia cultural da Europa e, simultaneamente, na periferia de cada uma das nações. A Itália, a França e a Inglaterra já tinham literaturas nacionais e uma língua literária havia tempo; os intelectuais desses países estavam cada vez mais distantes dos cantos e das narrativas populares, à diferença dos russos, por exemplo, ou dos suecos. Não surpreende que na Grã-Bretanha tenham sido os escoceses, e não os ingleses, a redescobrir a cultura popular, e que na França a voga do canto popular tenha chegado tarde e sido guiada por um bretão, Villemarqué, cuja compilação *Bazzaz Braiz* foi publicada em 1839. Seu equivalente italiano, Tommaseo, era originário da Dalmácia; em seguida, as contribuições mais importantes vieram da Sicília. Na Alemanha a iniciativa também partiu da periferia: Herder e Von Arnim nasceram a leste do Elba."

A tese do historiador inglês encontra confirmação nas datas dos documentos da mostra parisiense: pode-se afirmar que a França foi a última nação europeia a estudar as próprias tradições populares e rurais, tanto é que o monumento desses estudos, o *Manuale del folklore francese* de Arnold van Gennep, sai (em nove volumes, incompleto) entre 1937 e 1958. Mas para mim o ponto mais importante é outro: é sempre a consciência de algo que está para se perder que impele à *pietas* por esses humildes vestígios. O "centro" chega mais tarde a essa consciência, quando sua ação de homogeneização cultural já pode ser considerada completa e pouco resta a salvar; as periferias a percebem antes, como ameaça que vem da pressão centralizadora.

Este ano é o "ano do patrimônio", e a mostra foi organizada

como um de seus eventos, dedicando especial atenção ao papel que primeiramente tiveram as coleções particulares e o mercado antiquário na valorização de cerâmicas rústicas e de madeiras entalhadas, em seguida os museus regionais, e agora os "parques regionais", que se propõem um programa de salvaguarda ambiental mais amplo. A palavra "patrimônio", querida ao velho coração da França balzaquiana e poupadora, cria a impressão de algo sólido, substancioso e capitalizável (ao passo que nós, italianos, dizemos "bens culturais", expressão carente de qualquer conotação de posse e de concretude); talvez somente o reflexo do interesse material possa contrabalançar o impulso a cumprir o gesto instintivo do homem contemporâneo: o de jogar fora.

[1980]

6. ANTES DO ALFABETO

A escrita nasce na Baixa Mesopotâmia, no país dos sumérios, capital Uruk, por volta de 3300 a.C. Estamos no país da argila; documentos administrativos, contratos de venda, textos religiosos ou de glorificação dos reis são incisos com a ponta triangular de um caniço ou cálamo em tabuletas que depois são secadas ao sol ou cozidas. O suporte e o instrumento fazem com que a pictografia primitiva sofra em breve tempo uma simplificação e estilização levadas ao extremo: dos signos pictográficos (um peixe, um pássaro, uma cabeça de cavalo) desaparecem as curvas que, na argila, não sobressaíam bem; assim a semelhança entre signo e coisa representada tende a desaparecer; impõem-se os signos que possam ser traçados com uma série de toques instantâneos do cálamo.

Em geral esses sinais se apresentam com um ápice triangular que se prolonga numa linha formando uma espécie de prego ou então se divide em duas linhas como uma cunha: é a escrita cuneiforme, que transmite uma impressão de rapidez, movimento, elegância e regularidade compositiva. Ao passo que nas inscrições na pedra a sucessão predominante dos sinais era em sentido vertical, a escrita na argila tende naturalmente a distender-se em linhas horizontais paralelas. O gesto gráfico linear, nervoso e agudo que reconhecemos nos documentos cuneiformes continuará sendo, ainda em nossos dias, o mesmo que é executado por quem quer que empunhe uma caneta-tinteiro ou esferográfica.

Desde aquele momento, escrever significará escrever depressa. A verdadeira história da escrita é a do cursivo; ou pelo menos é a essa utilização cursiva que o cuneiforme deve sua fortuna precoce. Economia de tempo, mas também de espaço: fazer caber o máximo possível de escrita numa determinada superfície é um tour de force rapidamente enfrentado. Conservou-se um fragmento de tabuleta de dois centímetros por dois com trinta linhas de lamentações litúrgicas num cuneiforme microscópico.

Os sumérios tinham uma língua aglutinante: monossílabos acompanhados de prefixos e sufixos; os sinais, destacando-se da pictografia e da ideografia de suas origens, passaram a identificar-se com os sons silábicos. Mas a escrita cuneiforme continuou conservando vestígios das várias fases de sua evolução. Num mesmo texto, numa mesma linha, sucedem-se sinais ideogramáticos (o rei, o deus, adjetivos como "esplendente", "possante"), sinais silábico-fonéticos (sobretudo para os nomes próprios: o sacerdote Dudu se escreve com o desenho de dois pés, porque Du quer dizer "pé"), signos determinativo-gramaticais (para o feminino há um sinal triangular que originariamente era um púbis de mulher).

O Louvre conserva uma grande quantidade de documentos deste tipo — tabuletas de argila, pedras entalhadas ou placas de metal, lápides esculpidas —, mas fazê-los falar era privilégio dos especialistas. Agora a exposição inaugurada no Grand Palais e dedicada ao "Nascimento da escrita" (cuneiforme e hieroglífica) apresenta mais de trezentas peças (quase todas do Louvre, algumas também do British), permitindo-nos apreciá-las por meio de uma extensa e inteligente disposição didática. Uma mostra para ser lida por inteiro: nos painéis explicativos, indispensáveis, e — na medida do possível — nos textos dos documentos originais em pedra, argila ou papiro. Talvez haja coisas demais, tanto em matéria de objetos quanto de informações; mas o visitante que não canse muito a vista e que supere o medo de confundir as ideias (fase inevitável num primeiro momento) poderá, ao final, dizer que compreendeu como se chegou à escrita alfabética.

A linearidade da escrita tem uma história nada linear, mas que se passa inteiramente numa região geográfica bem delimitada, ao longo de dois milênios e meio: tudo acontece entre o golfo Pérsico, a costa mediterrânea oriental e o Nilo (o Egito constitui em si um longo capítulo dessa história). Se é verdade que a escrita hindu e provavelmente até a chinesa derivam desse mesmo cepo, podemos concluir que, no que se refere à escrita (à diferença do que ocorre com a linguagem), é possível falar de uma monogênese. (E a América pré-colombiana? A exposição não aborda o problema.)

O certo é que a escrita é um fato de cultura, e não de natureza (como se pode afirmar que seja o caso da linguagem), e que na origem ela diz respeito a um número limitado de civilizações. Jean Bottéro nos fala disso no catálogo da mostra (e dele conhecemos o brilhante ensaio sobre as técnicas divinatórias da Mesopotâmia, no volume organizado por Vernant intitulado *Divinazione e razionalità*, editado na Itália pela Einaudi), observando que a enorme maioria das línguas faladas nunca foi escrita, embora em nossos dias muitas delas tenham acabado passando por uma alfabetização "alógena".

Por que justamente a Baixa Mesopotâmia? Cinco mil anos atrás se forma naquelas terras áridas um novo sistema político-econômico que tem como centro a cidade e a monarquia sacerdotal; os trabalhos de irrigação tornam possível um grande desenvolvimento agrícola e se assiste a uma explosão demográfica: surge a necessidade de uma complicada contabilidade para controlar os tributos, as trocas e os inventários de um grande número de pessoas em vastos territórios. Antes mesmo da escrita, a argila, auxílio essencial para a memória, já servia para fixar mensagens exclusivamente numéricas; até que, ao lado das incisões que correspondem a cifras, começa-se a traçar figuras que representam mercadorias (animais, vegetais, objetos) ou nomes de pessoas.

Então o que abriu os ilimitados reinos espirituais da cultura escrita teria sido uma necessidade prática, mercantil ou mesmo tributária? As coisas são mais complexas. As formas primordiais de simbolismo gráfico são adotadas nos pró-memórias do dar e do receber porque já tinham sido elaboradas em âmbito artístico, especialmente nos vasos de cerâmica pintada. Fazia tempo que em objetos funerários e de culto, assim como em objetos de uso, o "nome" dos indivíduos e dos deuses era representado em forma de figuras que eram simultaneamente expressão de admiração ou de medo ou de amor ou de domínio: estados de ânimo, atitudes em relação ao mundo. A expressão que já podemos definir de poética e o registro econômico são, portanto, as duas necessidades que presidem o nascimento da escrita; não podemos fazer sua história sem levar em conta ambos os elementos.

Por volta da metade do terceiro milênio antes de Cristo, a escrita cuneiforme passa dos sumérios aos acádios (capital Acádia ou Akkad), que a difundem em seu império até a Mesopotâmia do Norte. Os acádios têm uma língua semítica (com raiz triconsonantal), completamente distinta da suméria. Os mesmos sinais são usados para designar a mesma coisa, embora correspondam a sucessões de sons diferentes (ou seja, de fonéticos que eram passam a ser ideográficos), ou se identificam com o novo som perdendo a memória do antigo significado (ou seja, de ideográficos se tornam fonéticos).

Tudo também fica mais complicado devido à multiplicação dos sinais (algumas centenas); no entanto, foi por meio dos acádios que a escrita cuneiforme se difundiu em todo o Oriente Médio (nós a reencontramos na biblioteca de Ebla, descoberta recentemente), passando aos assírio-babilônios e aos sírios, aos elamitas da Pérsia do Sul, aos cananeus da Palestina e aos arameus, cuja língua se difundiu da Índia ao Egito no primeiro milênio antes de Cristo.

■ *ITALO CALVINO*

Se os documentos mais antigos nos apresentam palavras isoladas, sobretudo nomes, que não se encadeiam em frases — como se os homens tivessem aprendido a escrever antes de saber o que escrever —, no tempo de Nínive e da Babilônia essas marcas em forma de pé de galinha, apinhadas, nos narram a epopeia de Gilgamesh ou nos fornecem um vocabulário, um catálogo de biblioteca, um tratado sobre as dimensões da torre de Babel (que parece ter sido um zigurate de sete andares, com noventa metros de altura).

Ao passo que, na Mesopotâmia, é possível seguir a evolução de uma pré-escrita (ou pré-numeração) à grafia cuneiforme, no Egito os hieróglifos se apresentam de repente, é claro que um tanto balbuciantes e desordenados no início, mas sem antecedentes conhecidos. Isso quer dizer que a escrita foi importada pelo Egito da Mesopotâmia? A cronologia (dois séculos de diferença entre as primeiras pictografias de Uruk e os primeiros hieróglifos) daria sustentação a essa tese; mas o sistema egípcio é totalmente diverso. Trata-se, pois, de uma invenção independente? Talvez a verdade esteja no meio: os egípcios estreitaram relações comerciais com a Mesopotâmia e não tardaram a perceber que os sumérios "escrevem"; essa notícia abriu novos horizontes à sua criatividade, e de fato eles não demoraram muito a elaborar um método de escrita original, que permanecerá só deles. Já por volta de 3800 a.C., cerca de setenta lápides funerárias nos atestam que os hieróglifos compreendiam 21 sinais alfabéticos (todas as nossas consoantes já existiam), além de outros sinais que designavam grupos de letras, palavras-charada e sinais que serviam para determinar o sentido de como deviam ser entendidos outros sinais.

A hesitação entre figuração e escrita acompanha a atividade gráfica por pelo menos 2 mil anos, e é essa ambiguidade que torna a exposição do Grand Palais bonita de se ver, além de nutriente para a leitura e o estudo. Uma lápide egípcia de grande beleza representa em baixo-relevo um falcão, uma serpente, as muralhas de uma cidade; tudo poderia ser dito dessa figurativa composição harmônica, menos que faça pensar em algo escrito; no entanto, o perímetro da muralha é o sinal que designa um rei; o pássaro pensativo é o deus Hórus, de quem o rei é a forma terrestre; e o ágil réptil é o nome do rei. Entretanto, outros baixos-relevos de pássaros não passam de modelos gráficos das letras U e A executados por um refinadíssimo designer da era ptolomaica.

Mesmo quando os hieróglifos já se tornaram um sistema de escrita bem codificado, o escriba egípcio prefere, em vez de seguir uma disposição linear, compor agrupamentos que visam à beleza do conjunto, ainda que ela contraste com a ordem lógica e as proporções entre as dimensões dos sinais.

A disposição em colunas verticais, dominante antes que a ordem horizontal (da direita para a esquerda) se impusesse (durante o Médio Império), deixa a liberdade de ler os hieróglifos em sucessão vertical ou horizontal, a partir da direita ou da esquerda: aí começam os sapientes jogos dos escribas que combinam uma direção de leitura com outra e inventam as palavras cruzadas!

Ao mesmo tempo, há estátuas-hieróglifo ou autênticos quebra-cabeças: uma compacta escultura da XVIII dinastia condensa num único bloco uma serpente, dois braços erguidos, uma cesta e uma mulher ajoelhada: o que quererá dizer? A explicação criptográfica (que nem tento resumir) chega a um significado não por meio de uma lógica das imagens, mas por uma sucessão de sons.

Nos baixos-relevos e nas pinturas tumulares do antigo Egito, personagens figuradas são ladeadas por colunas de escrita que são suas palavras, como nos quadrinhos de hoje. Mas o mais bonito é que as figuras humanas, estilizadas e todas de perfil, parecem participar da mesma natureza dos sinais gráficos, enquanto as palavras hieroglíficas continuam pertencendo ao mundo das figuras. A analogia entre os quadrinhos e esses procedimentos egípcios é enfatizada pela exposição do Grand Palais, que encomendou a desenhistas de quadrinhos equivalentes modernos dessas cenas, em que faraós e sacerdotes trocam frases hieráticas, guerreiros gritam ameaças e impropérios, marinheiros e pescadores se tratam com frases debochadas.

O universo das imagens é infinito: e assim era possível acrescentar à galáxia dos hieróglifos sempre novos sinais; a escrita ptolomaica chegou a abranger mais de 5 mil. Em sua demasiada elasticidade está o inconveniente prático da escrita hieroglífica, mas também sua riqueza poética: num papiro funerário, o nome do deus Amon é escrito de cinco maneiras diferentes, correspondendo a cada uma delas um diverso conteúdo filosófico e religioso. Mas essa impossibilidade de se tornar um sistema fechado impediu a escrita hieroglífica de expandir-se para fora do Egito, enquanto a cuneiforme conquistava todo o Oriente Médio.

Entretanto, no primeiro milênio antes de Cristo, os escribas egípcios elaboraram um cursivo próprio, ainda mais rápido e gestual que o cuneiforme, e que durará até os primeiros séculos de nossa era. A coruja, ou seja, a letra M se torna primeiramente um rabisco, depois uma espécie de Z, depois uma espécie de 3: mas sempre conservando algo do hieróglifo inicial. Também aqui (como nos cuneiformes) são decisivos o meio e o suporte da escrita: nesse caso, a tinta e o papiro. Os jogos estão feitos: não há mais nada a acrescentar à arte da escrita. Exceto uma coisa essencial: o alfabeto.

O alfabeto, isto é, a série de sinais que correspondem cada um a um som e que agrupados diversamente podem representar todos os fonemas de uma língua, nasce com 22 sinais na costa da Fenícia (o atual Líbano) por volta de 1100 a.C. Do "consonântico linear fenício" derivam diretamente o moabita, o aramaico, o hebraico e, mais tarde, o grego. Uma história específica — mas sempre associada a essa — têm os alfabetos arábicos e o copta, que deriva do cursivo egípcio.

Atenção: vejo que agora os especialistas escrevem "fenícios" entre aspas, ou dizem "os povos que sob o nome de fenícios"... Não sei o que há aí; e lhes confesso que não tenho pressa de saber. Uma das poucas certezas que me restavam eram os fenícios. Agora, enquanto parecia acertado que eles tinham inventado o alfabeto, surge a suspeita de que nunca tenham existido. Vivemos numa época em que não se salva mais nada nem ninguém.

[1982]

7. AS MARAVILHAS DA IMPRENSA MARROM

Um urso branco despedaçando uma jovem se destaca nos cartazes de uma exposição dedicada a fatos escabrosos ("Le fait divers", Paris, Museu das Artes e Tradições Populares). Os casos excepcionais que suscitam a emoção das massas são apresentados não do ponto de vista da história do jornalismo, mas como forma moderna de folclore.

O urso branco provém de uma ilustração do *Petit Journal* de 1893 que apresenta o "Suicídio de Frankfurt am Main"; suicídio fora do comum, descrito concisamente pela crônica, mas com detalhes sádicos de efeito garantido: uma jovem doméstica desesperada de amor vai ao zoológico, tira a roupa e entra cantando no fosso da fera, que se lança sobre ela.

Uma parte considerável do material exposto provém de um suplemento ilustrado do *Petit Journal*, que com suas páginas em cores será o modelo da *Domenica del Corriere* (com mais de trinta anos de antecipação: o *Petit Journal* começa em 1863, a *Domenica*, em 1899). Nele vemos tigres e elefantes em fuga de circos, tragédias dantescas nos submundos de Paris, um assassinato passional num açougue, um suicídio dentro de um túmulo, outro suicídio levado a cabo com uma guilhotina caseira, um homem nu de cartola e suíças que entra num local elegante, enquanto as senhoras tapam os olhos. Pioneirismo na visualização da notícia (ainda que reconstruída pela imaginação de um ilustrador), que antecipa filmes de atualidade e a televisão, mas também pioneirismo linguístico e principalmente conceitual, se é verdade que o termo *fait divers* aparece pela primeira vez no *Petit Journal*.

No entanto, o período abraçado pela mostra remonta a bem antes, desde as folhas impressas com toscas gravuras e textos rudimentares que eram vendidas nos mercados do século XVIII, com histórias e imagens de bandidos e de crimes, e que continuam por grande parte do século XIX sob o nome de *canard*. O termo *canard*, ou seja, "pato", para indicar "história inverossímil e provavelmente falsa", está presente há séculos no francês popular e não se sabe ao certo sua origem; há quem diga que os vendedores de *canards* se anunciavam nas feiras com um som de corneta que lembrava o grito do pato, mas a etimologia não está comprovada. Folhas semelhantes aos *canards* dos séculos XVIII e XIX continuam até nosso século, com meios gráficos não muito mais evoluídos, e difundem as estrofes de canções sobre fatos da atualidade. Por exemplo, o terremoto de Messina em 1909, figurado por ruínas de templos romanos esmagando a população.

A personagem que domina essa documentação é naturalmente o transgressor da lei: bandoleiros rurais e, a partir do século XIX, a marginalidade da metrópole, mas também os assassinos isolados, por dinheiro, por paixão ou por loucura. Ficamos sabendo que a palavra *chauffeur*, que nos evoca as imagens dinâmicas e elegantes do automobilismo de início do século, tem entre os séculos XVIII e XIX um significado aterrorizante: chamavam-se *chauffeurs* os bandoleiros que assaltavam as casas de campo e queimavam os pés das vítimas para obrigá-las a revelar onde escondiam o dinheiro.

O fascínio que os fora da lei e os criminosos exercem na imaginação (numa época em que o crime ainda não tinha se tornado uma indústria como outra qualquer) está comprovado inclusive pelos cartões ilustrados que reproduzem bandidos e assassinos famosos: o célebre caso de sangue entre "apaches" pelos belos olhos da loura Casque d'Or (que inspirará um belo

■ *ITALO CALVINO*

filme deste pós-guerra) é representado como uma fotonovela numa série de figurinhas de 1907. Do mesmo modo, em 1913, as efígies da *Bande à Bonnot* passam para os cartões-postais.

Não é apenas a crueldade do crime que excita a curiosidade, mas também, e desde sempre, seu contrapasso, a crueldade da punição. A guilhotina é um grande tema da iconografia popular (e das canções); uma série de cartões ilustrados com a objetividade de tristes fotografias em preto e branco nos transmite uma panorâmica da prisão, uma vista de conjunto do instrumento, detalhes da lâmina e do cesto e até um enquadramento da garagem onde o aparelho era guardado nos períodos de repouso: o espírito burocrático-tecnológico do início do século xx é aqui documentado em sua face mais deprimente.

O costume dos antigos carrascos de vender a corda dos enforcados como amuleto se estende a um culto macabro das relíquias dos guilhotinamentos. Aqui está exposta, emoldurada e posta atrás de um vidro uma assemblage que contém as golas da malha e da camisa cortadas para a toalete preparativa da execução de Caserio, o anarquista que cometeu o atentado mortal ao presidente Carnot (1899). (Sobre os detalhes dessa toalete durante a Revolução Francesa se detém o filme *Danton*, de Wajda, em cartaz nestes dias em Paris.)

O assassínio, assim como a santidade, produz relíquias: o mobiliário da casa de Landru foi a leilão em 1923, e obviamente o objeto que atingiu cifras mais altas foi o famoso fogão a lenha em que Landru se livrava dos restos de suas "namoradas". Ficamos sabendo que foi arrematado por "40 mil liras, por um italiano". (Estará na Itália? Devemos considerá-lo um bem cultural a ser tutelado?)

O julgamento é o instante em que a evocação do fato violento e o da pena estão presentes juntos, e é justamente a partir do julgamento que a crônica suscita emoções populares. Não é por acaso que muito dessa documentação gira em torno dos "julgamentos célebres", que desde 1825, com o início da *Gazette des Tribunaux*, podem contar com um jornalismo especializado, que por sua vez inspirará tanto grandes escritores — de Stendhal a Balzac a Sue — quanto romancistas de folhetim.

O *humour noir* em torno dos delitos e das execuções circula não só entre os espíritos blasés, mas também na imprensa popular: em 1884 é lançado um *Diário dos Assassinos*, "órgão oficial dos Esfaqueadores Associados" ("Assinaturas: à meia--noite, nas esquinas das ruas"), que não sei se passou do primeiro número.

As "estalagens sangrentas", nas quais os estalajadeiros matam os clientes durante o sono e queimam seus corpos na estufa, são outro tópos que, da crônica policial da profunda província francesa oitocentista, passa à literatura e ao teatro (versão mais recente: *O mal-entendido*, de Camus). A mais famosa foi a estalagem de Peirebeille, onde os cônjuges Martin e o criado Rochette, o Mulato, deram sumiço em um número de pessoas que nunca foi estabelecido com precisão, para depois serem guilhotinados em 1883, no mesmo local de seus crimes. Não era preciso mais nada para que em seguida a estalagem se transformasse numa atração turística, com cartões-postais e suvenires.

Essas histórias sangrentas fornecem a matéria-prima mítica que depois é apropriada pela literatura popular (seguindo de perto os acontecimentos com fascículos a dez centavos sobre famosos crimes romanceados), pelas peças apresentadas num teatro especializado, que recebe sua macabra sugestão do nome do Boulevard du Crime, onde se localizava (e que foi imortalizado no filme *O boulevard do crime*, de Marcel Carné), pelos manequins de cera do Museu Grévin e por fim pelo cinema: é toda uma dimensão do imaginário que, da França, passa para a mitologia universal do mundo moderno.

(Na Itália, matéria-prima não faltava, basta recordar a antologia de Ernesto Ferrero intitulada *La mala Italia*, que saiu anos atrás pela Rizzoli; apenas não tivemos uma cultura literária — ou simplesmente um pendor da fantasia — que soubesse transfigurar tudo isso.)

Mas o *fait divers* abordado pela exposição parisiense não

inclui somente a crônica negra. (Essa distinção entre crônica "negra" e "branca" é, se não me engano, exclusiva da Itália.) Também fazem parte os atos de heroísmo, de abnegação, de coragem, especialmente os salvamentos. Uma coleção de livrinhos de 1787, às vésperas da Revolução, era dedicada às "virtudes do povo": episódios em que personagens humildes se distinguiam em lances de humanidade, confirmando as ideias de Rousseau sobre a bondade natural dos seres humanos.

Não só os extremos da alma humana, no bem ou no mal, mas qualquer fato que saia da norma serve para virar notícia, *fait divers*: a chegada da primeira girafa a Paris, em 1827, é um acontecimento que durante anos continua sendo historiado em xilogravuras e litografias, em almanaques e pratos de cerâmica e panelas de cobre.

Enfim os fenômenos vivos, que desde a Antiguidade carregam a aura do prodígio, do sinal dos deuses. A mostra não é muito rica sobre monstros, sereias, anões, gigantes ou irmãos siameses, mas há uma parte que certamente não se vê todos os dias: um "busto naturalizado" de mulher barbada (de um século atrás), isto é, não uma reprodução, mas a cabeça verdadeira da mulher, embalsamada depois da morte com o objetivo de documentação científica, e cujo embalsamador, num escrúpulo ao mesmo tempo "artístico" e cavalheiresco, cingiu-lhe o colo com um coletinho de tecido bordado.

Obviamente também fazem parte da crônica incidentes e acidentes de todo tipo, tão mais apreciados quanto mais raros ou novos. Aí estão os primeiros acidentes de carro: um automóvel que se choca contra um trem expresso (nos Estados Unidos: o fundo é de montanhas rochosas, com vegetação exótica).

Muitas das capas do *Petit Journal* mostram figuras humanas enquanto estão caindo, suspensas no ar, em meio ao voo: cai um espectador da galeria sobre a plateia do teatro, cai um aeronauta do balão, voa uma mulher de saias longas através de uma janela ("drama da loucura"), voa de outra janela um "novo Ícaro" coberto de plumas.

E as cenas de violência e de crime são sempre representadas por braços erguidos que brandem punhais e facas. O acontecimento que transtorna a ordem natural das coisas se situa num momento que parece estar fora do tempo, um movimento fulminante que se fixa para sempre.

[1983]

8. UM ROMANCE DENTRO DE UM QUADRO

As mostras "dossiê" que o Museu do Louvre organiza periodicamente, pondo ao redor de um quadro famoso ou de um grupo de quadros todos os documentos (desenhos, esboços, outras obras) necessários para iluminar sua gênese, são sempre interessantes, e sempre há muito a aprender. Neste inverno a exposição "dossiê" permite estudar figura por figura uma das mais famosas telas do século xix: *A Liberdade guiando o povo*, de Delacroix. Um quadro com tantas personagens é um pouco como um romance em que se cruzam várias vidas; razão por que me sinto autorizado a falar dele, sem invadir o campo dos historiadores da arte e dos críticos, mas simplesmente contando o que é explicado na mostra e tentando ler o quadro como se lê um livro. Em julho de 1830, três dias de revolta popular em Paris (os "Três Gloriosos") tinham posto fim ao reino de Carlos x e à restauração dos Bourbon; poucos dias depois se instaurava a monarquia constitucional de Luís Felipe de Orléans; nos últimos meses do mesmo ano, Delacroix pintou sua grande tela para celebrar a revolução de julho. Ainda hoje, quando se precisa de uma imagem que celebre, com a ênfase que o tema requer, a força libertadora de uma luta popular, recorre-se em todo o mundo a esse quadro. A exposição também ilustra essa fama com uma sala que mostra como o quadro continua sendo citado, reproduzido, caricaturado, cozinhado em todos os temperos: uma fortuna devida ao seu tema, claro, mas sobretudo a seus valores pictóricos, sem igual em figurações do gênero. Essa obra foi revolucionária antes de tudo na história da pintura porque, embora hoje nos pareça sobretudo um quadro alegórico, naquela época foi vista como a primeira expressão de um realismo inaudito e escandaloso.

Ora, é preciso primeiramente dizer que o quadro não nasce de nenhuma militância política de Delacroix: sob o reinado de Carlos x, o pintor já estava na crista da onda, com apoios na corte e encomendas por parte do Estado. O escândalo de 1827 pela *Morte de Sardanapalo*, quadro julgado imoral, resolveu-se numa consolidação de sua fama. Ao mesmo tempo ele também gozava do apoio do duque de Orléans, o futuro Luís Felipe, então líder da oposição liberal e apaixonado pela nova pintura, que comprava os quadros de Delacroix.

Quando em julho de 1830 estoura a insurreição, Delacroix não vai para as barricadas, mas se alista, como muitos outros artistas, nos serviços de guarda do Louvre que protegem as coleções do museu de eventuais saques da multidão desenfreada. Ficaram alguns testemunhos desses turnos de guarda diurnos e noturnos, em que entre os artistas enviados para o serviço de ronda se desencadeavam brigas furiosas, as quais costumavam terminar em socos, mas não por causa de política, e sim pelas respectivas tendências artísticas ou pelo modo de avaliar Rafael. A visão que essa breve anedota suscita nos restitui a atmosfera de tensão revolucionária com uma verdade extraordinária: as salas do Louvre à noite, no coração da cidade em revolta, os civis armados e encapotados que passam entre sarcófagos egípcios discutindo sobre as razões ideais de seu ofício com uma tenacidade sem precedentes, enquanto ecos distantes de disparos e gritos chegam das bandas do Hôtel de Ville, para lá do Sena...

Naqueles anos Delacroix tinha interrompido seu diário, e para conhecer sua posição quanto à revolução só nos restaram algumas cartas, de onde emergem apenas as preocupações de um homem tranquilo numa época de desordens. Um testemunho de Alexandre Dumas (que, porém, sempre transfigurava suas recordações) nos mostra um Delacroix visivelmente assustado ao ver os populares em armas, depois entusiasmado diante do tricolor que tornara a esvoaçar como nos tempos de Napoleão, e finalmente conquistado pela causa do povo.

Nos dias seguintes à revolução, é reconstituída a Guarda Nacional que Carlos x havia suprimido, e Delacroix logo se alista nela como voluntário, ainda que resmungando em suas cartas da dureza do serviço. Todo o seu modo de agir é muito linear: suas reações são aquelas normais de quem segue com empenho a convergência do movimento popular na instauração de uma monarquia liberal, e ele naturalmente termina por se ver fazendo parte do novo establishment orleanista.

Mas 1830 não tinha assinalado apenas a passagem de uma dinastia a outra e de uma aristocracia com vocação burguesa a uma burguesia com vocação aristocrática: pela primeira vez as massas proletárias tinham descido às ruas *como protagonistas* (ao passo que, na revolução de 1789, a iniciativa ainda coubera aos líderes ideológicos) e sido o elemento decisivo para a mudança de regime. Será essa *novidade*, que então dominava todos os discursos, o tema exclusivo do quadro em que Delacroix trabalhará nos meses que se seguiram aos acontecimentos (quando a desilusão e o rancor já serpeavam entre os republicanos e democratas mais radicais). "Dei início a um tema moderno, uma barricada", escreve em outubro ao irmão, "e, se não lutei pela pátria, pelo menos pintarei para ela. Isso me trouxe de volta um ótimo humor."

O quadro, que representa aos olhos de quem o vê o ímpeto, o movimento e o entusiasmo, parece ter sido pintado de um jato. No entanto, sua história mostra uma composição laboriosa, cheia de hesitações e de revisões, calculada detalhe a detalhe, numa justaposição de elementos heterogêneos e em parte preexistentes. Como obra alegórica, dir-se-ia que ela é animada apenas por um ideal sentido passionalmente: porém a escolha de cada detalhe de vestuário, de cada arma empunhada tem um significado e uma história. Como obra realista, dir-se-ia que ela foi inspirada por uma cena real, por emoções colhidas no terreno da luta: porém se trata de um repertório de citações museográficas, um compêndio de cultura figurativa.

Primeiramente a exposição demonstra, de modo que me pareceu convincente, que a mulher no centro da tela, a mais famosa representação da Liberdade na história da pintura, não nasce naquele momento na imaginação de Delacroix: ela já existia cerca de dez anos antes num grande número de desenhos. Era "a Grécia insurgida contra os turcos", à qual Delacroix queria dedicar um quadro desde os tempos dos primeiros movimentos pela independência helênica, em 1820. A solidariedade filo-helênica era um tema muito sensível ao romantismo europeu, e Delacroix começa a desenhar em 1821 com vistas a um quadro alegórico; no ano seguinte, com a notícia da sangrenta repressão ocorrida na ilha de Quios, desenvolve outra ideia, que o levará à famosa tela de 1824, *O massacre de Quios*; em seguida, retoma os estudos para a figura de mulher que se tornará *A Grécia sobre as ruínas de Missolonghi* (Museu de Bordeaux, 1827). No entanto, mais que neste quadro, é nos desenhos (que por meio de outros detalhes são identificáveis como estudos preparatórios para a *Grécia*) que reconhecemos o movimento dos braços e do torso tal como ele os retomará na *Liberdade*; assim como nos mesmos desenhos observamos que a figura traz na cabeça, inicialmente, uma coroa torreada, e depois um barrete frígio.

Não só. A radiografia por raios infravermelhos intervém para investigar se por acaso Delacroix não teria usado uma tela já pintada para a *Liberdade*, corrigindo um esboço feito anos antes para a *Grécia*. Os resultados da pesquisa, como frequentemente acontece, são muito incertos e servem mais para abrir novas questões que fornecer respostas. O que se sabe é que a saia da Liberdade era num primeiro momento mais ampla, menos apropriada ao salto sobre a barricada; o rosto era visto de frente, como nos desenhos; a ideia de pô-lo de perfil, que lhe dá aquela incisividade inesquecível, parece ter surgido enquanto pintava a tela, e é certamente uma ideia ligada ao tema de 1830, e não ao precedente: a Liberdade vira o rosto para o povo a fim de exortá-lo à luta. Depois há a estranha manga do operário à esquerda, um dos raros pontos em que a pintura é um pouco improvisada: poderia ser uma correção para cobrir uma indumentária grega ou turca. Por fim há o madeiramento torto da barricada que, na sintaxe do quadro, serve para distanciar a paisagem de Paris ao fundo e elevar como num palco as figuras glorificadas, mas também poderia servir para esconder uma paisagem pintada anteriormente, a praia de Missolonghi, o mar...

Não há nada de certo além dessas suposições. A conclusão é que *A Liberdade guiando o povo* é um quadro autônomo, pensado e pintado em 1830; o fato de ter utilizado estudos precedentes não demonstra uma contradição ou uma indiferença ao tema, que continua sendo o da liberdade dos povos, mas sim um enriquecimento na passagem da alegoria ideal à experiência vivida, que se torna fato visual e corpóreo. O ordenamento formal do quadro deriva inteiro da impostação de 1830: é a bandeira que serve de cume à composição, determinando suas estruturas triangulares e as três cores que se contrapõem no resto do quadro.

Os curadores da mostra citam como equivalente o caso de Picasso, que ao receber a notícia do bombardeio de Guernica retoma os estudos de suas tauromaquias de anos anteriores (que já continham o presságio da iminente tragédia espanhola) para compor o famoso quadro.

De acordo com o tema a que se propôs, Delacroix situa à esquerda da Liberdade três figuras de operários: por "povo" se entendiam os trabalhadores manuais. (Não há um só burguês reconhecível no quadro, caso se excetue uma figura de bicorne ao fundo, que poderia ser um dos estudantes da École Polytechnique que participaram da revolta.) Com evidente intenção sociológica, Delacroix caracteriza três tipos diversos de trabalhadores manuais: o de cartola pode ser um artesão, um *compagnon* de uma corporação de artes e ofícios (sim, a cartola naquela época era um chapéu universal, sem conotações sociais; mas as calças largas e o cinto de flanela vermelha são característicos dos operários); a figura com a espada é um operário da manufatura, com o avental de trabalho; o que está ferido, de quatro, com lenço na cabeça e a blusa arregaçada na cintura, é um trabalhador da construção civil, mão de obra sazonal vinda do campo para a cidade.

À direita da Liberdade está o famoso garoto com barrete negro e armado de duas pistolas, que hoje todos chamam de Gavroche (mas em 1830 *Os miseráveis* ainda estava por ser escrito; o romance de Hugo só será publicado em 1862). Aqui ele é confrontado com uma estátua de Mercúrio feita por Giambologna, que por seu ímpeto já havia inspirado outros pintores da época, mas sempre de perfil, ao passo que aqui a figura está de frente.

Há outro garoto armado de baioneta à esquerda do quadro, agachado entre os *pavés* amontoados, com um barrete da Guarda Nacional. Todos os detalhes dos uniformes são identificáveis com precisão, assim como as armas, desde a bandoleira das guardas reais de que se apossou o garoto (ao passo que as duas pistolas eram de uso da cavalaria) até o sabre das companhias especiais de infantaria, empunhado pelo operário de avental, com a respectiva bainha. É possível traçar uma história de todas as armas representadas no quadro, como as dos paladinos dos poemas cavalheirescos; mas aqui, como sempre ocorre nas autênticas revoluções, o armamento é improvisado e heterogêneo, porque provém de aportes casuais e do butim arrancado aos inimigos. A única arma não militar é aquela empunhada pelo operário de cartola, que leva uma espingarda de caça de cano duplo.

Essa minuciosa pesquisa iconológica trouxe surpresas ideológicas que dizem respeito justamente ao operário mais típico, o de avental: ele tem um cocar branco com uma borla vermelha sobre o barrete; cocar branco quer dizer monarquista, e ainda por cima carrega a pistola na cintura com um *foulard* de cores da Vendeia; contudo, ele se converteu ao liberalismo (borla vermelha), portanto se trataria de um popular fiel ao trono que se rebela contra a opressão do absolutismo... Mas é inútil que nos adentremos nessas hipóteses, terreno em que os eruditos podem nos contar o que quiserem sem temer que possamos desmenti-los.

Mais disponíveis à nossa leitura, os três mortos em primeiro plano. Um deles pertence à alegoria, ao mito, em sua clássica figura idealizada; de fato ele está nu, ou mais precisamente sem calças, mas nenhum crítico pensou em escandalizar-se por isso (ao passo que o seio nu da Liberdade, mesmo sendo um atributo tradicional das Vitórias aladas, suscitou protestos), pois corresponde a um modelo acadêmico muito difundido no repertório clássico. Assim era representado o corpo de Heitor atado pelas pernas ao carro de Aquiles. Os outros mortos são dois soldados do monarca derrotado, misturados aos caídos na revolução por um sentimento de piedade universal: um deles veste a divisa do regimento suíço da Guarda Real (que Luís Felipe suprimirá) com o chapéu (o *sciaccò*) rolado em seu flanco; o outro é um francês, um couraceiro. Essas figuras de caídos (inclusive o operário ferido) têm precedentes na pintura celebrante de David e de Gros: o quadro de Delacroix é um lugar de encontro de motivos velhos e novos da história da pintura, assim como a revolução de julho o foi para a história da França.

A paisagem parisiense ao fundo abre outros problemas. Nela sobressai a estrutura de Notre-Dame, mas a catedral naquela perspectiva só podia ser vista da margem esquerda do Sena, e nesse caso não se explicam as altas casas que estão à sua direita, pois daquele lado já passa o rio. Ou seja, trata-se de uma paisagem imaginária, simbólica. Por que Notre-Dame? A catedral não entrava na simbologia orleanista (Luís Felipe se apresentava como laico e seguidor do Iluminismo), mas sim nas teorias sociais da época, com o cristianismo democrático de

Lamennais; e também naqueles anos Victor Hugo começa a escrever seu *Notre-Dame*, fazendo da catedral um símbolo de liberdade.

Por tudo isso o quadro, exposto no *Salon* de 1831, desconcertou o público e a crítica; suscitaram protestos o realismo dos proletários insurgentes, definidos pelos críticos de "caras de corte marcial", "canalha", "dejetos da sociedade", e a audácia da Liberdade, sobretudo porque mostrava uma axila peluda (a nudez clássica devia ser glabra). Apesar disso a tela foi comprada pelo ministro do Interior, mas já em 1832, quando o novo regime começava a enfrentar-se com novas agitações populares, desaparecera de circulação. O quadro voltou a ser exposto depois da revolução de 1848, mas por pouco tempo; em 1849 o tema volta a ser explosivo, e a tela vai parar num depósito. Seu autor tenta exumá-lo para a Exposição Universal de 1855. Mas o barrete frígio na cabeça de Marianne ainda era uma imagem muito subversiva para aqueles tempos, embora Delacroix não tenha feito mais que seguir modelos clássicos, sem nenhuma intenção militante. Agora vemos no quadro que o barrete frígio não é vermelho como o dos *sans-culottes*, mas de um castanho-escuro. E as sondagens radiográficas descobriram que debaixo desse tom apagado há um estrato escarlate. Daí a inferir que Delacroix tenha atenuado aquela cor excessivamente provocatória para agradar aos censores do Segundo Império basta um passo. Seja como for, a pedido de Napoleão III, a Liberdade terminou por ser admitida na exposição. Depois de outras vicissitudes, com a Terceira República entra no Louvre, e daí para a glória universal.

[1983]

9. DIGAM COM OS NÓS

As mensagens de guerra e de paz, na Nova Caledônia, consistiam numa rudimentar corda de casca de *banian* (*Ficus bengalensis*) pontuada de diversos nós. Um pedaço de corda com um nó em anel numa extremidade era uma proposta de aliança militar; se aceitasse a aliança, o destinatário só precisaria fazer um nó semelhante na outra ponta e devolver a mensagem ao remetente; assim um pacto indissolúvel era concluído. Ao contrário, um nó que amarre uma pequena tocha — apagada, mas com traços de queima — será uma declaração de guerra; quererá dizer: "Iremos queimar suas choupanas". A mensagem que oferece a paz aos vencidos é mais complicada; trata-se de convencê-los a voltar ao vilarejo destruído e reconstruí-lo (os conquistadores evitam ao máximo estabelecer-se num vilarejo que pertença a outros e ao espírito de seus mortos); por isso o nó da mensagem amarrará num só feixe pedacinhos de bambu, arbustos e folhas que sirvam à construção das choupanas.

Essas fibras entrelaçadas estão expostas numa insólita mostra: "Nós e amarrações", na Fundação Nacional de Artes Gráficas e Plásticas da rue Berryer, que nos convida a refletir sobre a linguagem dos nós como uma forma primordial de escrita.

Elas nos evocam as cordinhas dos maoris (estamos sempre nas ilhas do Pacífico) citadas por Victor Segalen no romance *Os imemoriais*: os narradores ou aedos polinésios recitavam seus poemas de memória, recorrendo a cordinhas trançadas cujos nós eram repassados entre os dedos seguindo os episódios da narração. No entanto, não está claro que correspondências eles estabeleciam entre as sucessões de nomes e gestas de heróis e antepassados e os nós de diversas formas e tamanhos dispostos em intervalos variados: mas com certeza o feixe de cordinhas era um instrumento indispensável para a memória oral, um modo de fixar o texto antes de qualquer ideia de escrita. "Essas tranças", escreve Segalen, "eram chamadas de Origem-do--Verbo, porque as palavras pareciam nascer delas." O advento da escrita, ou seja, o simples fato de saber que os homens brancos confiam sua memória a sinais negros em folhas brancas, põe em crise os procedimentos da memória oral: os aedos esquecem seus poemas, as cordinhas ficam mudas em suas mãos. A tradição oral — escreve Giorgio Agamben comentando Segalen — mantém contato com a origem mítica da palavra, isto é, com o que a escrita perdeu e que continuamente persegue; a literatura é a tentativa incessante de recuperar aquelas origens esquecidas.

Na exposição da rue Berryer também há um *quipu* dos incas peruanos; trata-se de uma franja de fios de algodão de várias cores, que os altos funcionários do Império inca utilizavam para a contabilidade do Estado, os recenseamentos da população, a avaliação dos produtos agrícolas, enfim: o computador daquela sociedade baseada na exatidão dos cálculos e das repartições.

Há um objeto japonês feito de lâminas de madeira entrelaçadas num complicado desenho quase barroco que simboliza o deus da montanha, o qual se refugia nos picos durante o inverno para depois descer à planície na primavera como deus do arroz e velar pelas jovens plantas. Na tradição do xintoísmo nipônico há deuses denominados "amarradores" porque atam o céu à terra, o espírito à matéria, a vida ao corpo. Nos templos, uma corda de palha amarrada indica o espaço purificado, fechado ao mundo profano, em que os deuses podem demorar. Nos rituais budistas mais sofisticados, o poder do nó subsiste mesmo sem seu suporte material: basta que o sacerdote mova os dedos como se amarrasse para que o espaço da cerimônia se feche a influências nocivas.

Os objetos etnográficos expostos não são muitos; vieram do Musée de l'Homme, do Museu de Artes Africanas e Oceânicas, de coleções particulares e sobretudo do Museu das Artes e Tradições Populares. Na realidade a exposição é dedicada especialmente aos nós nas obras de artistas contemporâneos, os quais, nos entrelaçamentos e amarrações e emaranhados dos materiais mais diversos, se inspiram na força primitiva dos objetos estudados pelos antropólogos, mas também nas sugestões inventivas dos inumeráveis usos práticos do nó na vida cotidiana.

Sem querer invadir o campo dos críticos de arte, sublinharei uma linda assemblage de Etienne-Martin (cordas, correias, jaezes de cavalos, telas), uma barreira de paus, cordas e cortinas enroladas de Titus-Carmel, uma paliçada erguida por rolos de cânhamo de Jackie Windsor, restos de cordas carbonizadas postas sobre um parterre de pedriscos de Christian Jaccard, muitos objetos bruxômanos e coloridos de Jean Clareboudt e arcos ornamentados de Louis Chacallis, amarrações de tubos de chumbo de Claude Faivre, raízes feitas de grossas cordas de Danièle Perrone e outros exemplos de materiais nodiformes *in natura* (uma raiz, um esqueleto de pássaro de Louis Pons, fibras vegetais emaranhadas de Marinette Cucco).

Através de uma vitrine da mostra — a dos livros aprisionados —, experimentei uma peculiar emoção "profissional", como o pesadelo de uma condenação: volumes atados, amordaçados, acorrentados, enforcados de todos os modos, um livro envolto num rolo de cânhamo e laqueado de vermelho lagosta (Barton Lidice Benès), ou, visão mais suave, um livro com páginas de gaze como teias bordadas (Milvia Maglione).

A exposição, organizada por Gilbert Lascault, traz ainda no catálogo um ensaio-conto de um matemático, Pierre Rosenstiehl. Porque os nós, como configurações lineares de três dimensões, são objeto de uma teoria matemática. Entre os problemas que ela descortina há o do "nó borromeu" (três anéis enlaçados, dos quais apenas o terceiro anel ata os outros dois). O "nó borromeu" também foi muito importante para Jacques Lacan: veja-se, no *Seminário XX*, o capítulo "Anéis de corda".

Eu jamais ousaria tentar definir com palavras minhas a relação do nó borromeu com o inconsciente segundo Lacan; mas gostaria de ao menos formular a ideia geométrico-espacial que pude deduzir disso: o espaço tridimensional tem na realidade seis dimensões, porque tudo muda conforme uma dimensão passe acima ou abaixo de outra, à esquerda ou à direita de outra, como em um nó.

Isso porque, nos nós, a interseção de duas curvas não é nunca um ponto abstrato, mas é o ponto em que corre ou gira ou se amarra uma ponta de cabo ou trança ou corda ou fio ou linha ou cordão, sobre ou sob ou em torno de si ou de outro elemento congênere, como resultado dos gestos muito precisos de um grande número de ofícios, do marinheiro ao cirurgião, do sapateiro ao acrobata, do alpinista à costureira, do pescador ao embalador, do açougueiro ao cesteiro, do fabricante de tapetes ao cordoeiro de pianos, do campista ao empalhador de cadeiras, do lenhador à rendeira, do encadernador de livros ao fabricante de raquetes, do carrasco ao artesão de colares... A arte de dar nós, ápice ao mesmo tempo da abstração mental e da manualidade, poderia ser vista como a característica humana por excelência, tanto quanto ou mais ainda que a linguagem...

[1983]

10. ESCRITORES QUE DESENHAM

Com o romantismo na França, os escritores começaram a desenhar. A pena corre sobre a folha, detém-se, hesita, deposita à margem distraída ou nervosamente um perfil, um boneco, um rabisco, ou então se aplica em elaborar um friso, um sombreado, um labirinto geométrico. O ímpeto da energia gráfica pouco a pouco se aproxima de uma encruzilhada: continuar evocando os próprios fantasmas através do uniforme estilicídio alfabético ou persegui-los no imediatismo visual de um rápido esboço? Parece que essa tentação nem sempre esteve presente: sempre houve pintores que escrevem, mas raramente escritores que desenham. Mas de repente, entre o final do século XVIII e o início do XIX, a educação do jovem que se tornará homem de letras deixa de ser considerada completa se não incluir um aprendizado de desenho ou de pintura; as biografias de poetas e escritores se abrem a uma prática e a uma ambição que em alguns casos teriam podido levar a um compromisso profissional no campo da arte, caso a outra vocação não tivesse sido mais forte. Ao mesmo tempo, os manuscritos dos que não dispõem de nenhuma educação artística também começam a ser ilustrados com figurinhas ou rabiscos. É a fisionomia cultural do escritor que se transforma a partir da aspiração a uma "obra de arte total", que ganha forma na Alemanha romântica, um sonho acalentado por Novalis (inventor da fórmula) e que se tornará o programa de Wagner. Hoffmann (traduzido na França em 1829) logo se torna um modelo para a nova literatura francesa, não só porque criou um gênero novo, os *Contes fantastiques* (os franceses estão sempre prontos a etiquetar as novidades culturais, a inventar uma definição para elas, que não tinham um equivalente em alemão), mas também porque é apresentado como alguém que é ao mesmo tempo escritor, desenhista e músico: o novo tipo de talento poliédrico que o romantismo desperta.

Estas considerações partem de uma exposição montada na Maison de Balzac e dedicada aos "Desenhos de escritores franceses do século xix". Ela apresenta 250 documentos (do simples rabisco a esboços, caricaturas, aquarelas e autênticas pinturas) de 45 poetas e escritores ilustres ou menores ou esquecidos, mas todos significativos pela relação entre grafismo pictórico e escritura. No entanto — diga-se de antemão —, este discurso só vale enquanto permanecer num plano geral, porque a pretensão de estabelecer um nexo entre o estilo de um determinado escritor e o de seus desenhos deve no mais das vezes render-se ao fato de que, para os desenhos, é a ausência de estilo que salta aos olhos, seja devido a uma mão pouco adestrada ou a uma habilidade demasiado impessoal. Por isso, acredito ser impossível estabelecer por que muitos escritores desenham ao passo que tantos outros, embora cheios de sugestões visuais em suas páginas, não desenham nada. (A lista dos não desenhistas também é expressiva, já que inclui Chateaubriand, Madame de Staël, Flaubert, Zola.)

Já sabíamos que o pintor diletante mais genial dentre os escritores do século xix foi Victor Hugo, e a mostra só confirma isso, transportando da Maison Victor Hugo (a outra — e mais interessante — casa de escritor transformada em museu em Paris) alguns dos sugestivos nanquins de cidades fantasmagóricas e de paisagens espectrais nos quais o poeta, em seus anos mais inquietos, deu vazão à veia mais noturna de seu romantismo, com uma feliz inventividade na experimentação matérica.

Quanto ao outro gigante — inclusive quantitativo — da produção escrita, Balzac, pode-se constatar que ele de fato não era dotado para o desenho, limitando-se a garatujar desenhinhos meio infantis (sobretudo rostos) nos espaços brancos de seus manuscritos, em meio às cifras dos eternos cálculos de seus negócios malsucedidos. Assim, apesar de estarmos em sua casa, Balzac é representado na exposição por apenas duas páginas — e não originais, mas reproduções. Outra lacuna é Stendhal; porém, conhecendo os esboços rudimentares que acompanham a *Vie de Henry Brulard*, podemos quase o incluir entre os escritores não desenhistas. Tampouco Michelet era muito hábil com o lápis, a julgar por um esboço muito sumário de uma proposta que fez de monumento aos mortos da Revolução Francesa.

Depois há os escritores que sabem desenhar bem até demais, e que por isso mesmo são menos interessantes. Mérimée, Alfred de Vigny e Théophile Gautier fizeram cursos regulares de artes plásticas, e de seus muitos trabalhos aqui expostos — ilustrações de tema histórico, aquarelas de paisagens, caricaturas, desenhos arquitetônicos — fica uma impressão um tanto anódina. Os desenhos com que Mérimée constelava o papel timbrado do ministério durante as reuniões das muitas comissões oficiais de que ele era um integrante respeitável também são comportadamente acadêmicos; mais interessantes são os esboços de seus cadernos de viagem, pela precisa observação de países e de costumes que reencontramos com uma força bem diversa em suas narrativas. Entre as coisas de Gautier despontam, como testemunho de gosto grotesco-maldito, dois desenhos em tinta vermelha: a cozinha de uma bruxa e uma tentação de santo Antão erótico-sádica.

Muito competente era também George Sand, paisagista a lápis e a aquarela, que em pelo menos um grupo de vistas de montanha verde-cinza e marrom-claro consegue transmitir algo de insólito: uma desolação híspida, estagnada, mineral. São quadrinhos executados com uma técnica de aquarela inventada por ela; chamava-as de "dendritos", do nome daquelas pedras que apresentam um fino desenho de ramificações e veios de várias cores.

A descoberta mais inesperada da exposição é Alfred de Musset, precursor das *comic stripes*. O "filho do século" romântico elaborava para sua diversão e de seus familiares histórias em quadrinhos com caricaturas de figuras famosas; aqui estão expostas duas séries completas. Uma delas narra uma viagem à Sicília feita pelo irmão do poeta, que culmina numa aventura com uma messinense de poucas virtudes. A outra é a crônica de uma fofoca parisiense: de como a cantora Pauline Garcia (irmã da Malibran) foi pedida em casamento por um senhor narigudo e de como, durante os sucessivos rompimentos e reatamentos do noivado, o conspícuo nariz do futuro esposo mudou de forma e dimensão. O melhor da história é que o outro pretendente da cantora era justamente ele, Alfred de Musset, que retrata a si mesmo confinado ao leito por sua doença pulmonar nas recaídas e nas melhoras provocadas pela sorte vacilante do rival. Mesmo em caricatura, Pauline não deixa de ter certa graça abobalhada, mas a alma negra da intriga é George Sand, representada com um charuto ou um longo cachimbo e brandindo uma espada.

Esses quadrinhos *avant la lettre* são de uma surpreendente modernidade, pela concepção narrativa e a elegância gráfica, entre Toppfer e Edward Lear, a ponto de alcançar uma agilidade de estilização quase novecentista, à Sergio Tofano. Com Musset também começa o hábito de ilustrar com desenhinhos as cartas a uma amiga (fofocas do ambiente teatral, em que sempre aparecem as mesmas personagens). Musset é um dos exemplos em que se pode falar de "desenho de escritor" como algo distinto do desenho de um artista, na medida em que é funcional a uma invenção e a uma estilização narrativas e a um tipo de ironia e autoironia: todos estes procedimentos literários, ainda que se destaquem notavelmente dos procedimentos usados pelo autor nas obras escritas.

O outro tipo de "desenho de escritor" que a mostra revela é o da escrita que se torna desenho, e aqui o exemplo surpreendente é Barbey d'Aurevilly, que mantinha um diário ou miscelânea historiado a nanquins de várias cores, em que as frases escritas são entremeadas de flechas, corações, sóis, cálices, frisos geométricos, tudo bastante rudimentar e desordenado, mas com uma grande vitalidade e alegria gráfica que alcança efeitos de *art brut*. O grande dândi possuía um arsenal de tintas coloridas, penas de ganso variamente apontadas e pincéis. Por exemplo, refazia a guache sua assinatura já desenhada à pena até transformá-la num caligrama denso e betuminoso, ou compunha hieróglifos abstratos semelhantes a insetos monstruosos ou móbiles aéreos.

Baudelaire sabia não só desenhar, mas também instilar sua inteligência no lápis (ou no carvão, ou no nanquim), e suas autocaricaturas têm uma agudeza pungente. A época que se abre em seu rastro, ou seja, a segunda metade do século, vê poetas e escritores mais desenvoltos, menos escolásticos ao traçar figuras no papel. (Exceto quem já era primeiramente pintor, como Fromentin, ou quem praticava a água-forte segundo todas as regras, como Jules de Goncourt, ou quem ilustrava suas viagens exóticas com acurada devoção, como Pierre Loti.)

Mais que os romancistas (Dumas filho era um bom caricaturista, Maupassant fazia bonequinhos espirituosos, Anatole France era um desenhista de elegante perícia), são os poetas que chamam a atenção. Sobretudo Verlaine, que nunca estudou desenho e era um desenhista cômico cheio de espírito e criatividade, de um traço moderníssimo. São muitos os autorretratos que caricaturam o prognatismo de seu rosto sob o nariz minúsculo, acentuando-lhe o aspecto de mandarim chinês: assim ele aparece num folheto em que suas feições são simplificadas numa sobreposição de triângulos e depois numa verdadeira decomposição de planos pré-cubista. Mas o mais emocionante é um retrato que ele fez de Rimbaud apoiado de viés numa mesa de café, diante de uma garrafa de absinto, com o rosto de menino emburrado. (Rimbaud que, por sua vez, não era um desenhista interessante, pelo menos a julgar pelos dois exemplos expostos.)

Um poeta que dedicava um cuidado especial à caligrafia de suas correspondências era François Coppée, que paginava cada uma de suas cartas com extrema nitidez e as ilustrava com ideogramas ou quebra-cabeças. Em suas cartas de amor a Méry Laurent (uma *demi-mondaine* mantida por um dentista americano), ele chamava a amiga de "pássaro" e a si mesmo de "gata"; mas esses nomes, que aos nossos ouvidos soam como uma troca de sexo, são sempre substituídos pelo desenho de uma vaporosa pomba e de um bichano maroto, impondo-se como ideogramas feminino e masculino pelo poder evocativo do traço.

Méry Laurent era na mesma época frequentada por Mallarmé, que também lhe escrevia cartas com desenhinhos. Ele a representava, do mesmo modo, sob aparências ornitológicas, mas com maior dispêndio de tinta: para Mallarmé, ela era o "pavão". Contudo, Mallarmé não era minimamente dotado para o desenho nem havia elaborado nenhuma técnica, mas punha em suas figurinhas algo do grande divertimento que animava seu inigualável dom verbal. Um bilhete para marcar um encontro com o "pavão", que devia chegar de trem, se torna uma preciosa "história em quadrinhos" mallarmaica, alegremente rabiscada.

A busca de um horizonte de expressão diverso daquele das palavras é o impulso que inspira muitos desses pictogramas traçados à margem de páginas repletas de texto. Como não sentir diante disso a eterna e insuprimível inveja do escritor pelo pintor? "Que feliz ofício o do pintor, se comparado ao do homem de letras!", lê-se no *Diário* dos irmãos Goncourt em 1º de maio de 1869. "À feliz atividade da mão e do olho no primeiro corresponde o suplício do cérebro no segundo; e o trabalho que para um é um prazer, para o outro é um sofrimento..."

[1984]

Parte 2

O RAIO DO OLHAR

11. EM MEMÓRIA DE
ROLAND BARTHES

Um dos primeiros detalhes que se soube do atropelamento de 25 de fevereiro no cruzamento entre a rue des Écoles e a rue Saint-Jaques foi que Roland Barthes ficou desfigurado, tanto que ninguém dos que estavam ali, a dois passos do Collège de France, foi capaz de reconhecê-lo, e a ambulância que o recolheu conduziu-o ao hospital da Salpêtrière como um ferido sem nome (não levava documentos consigo), e assim ele permaneceu por horas no ambulatório, sem ser identificado.

Em seu último livro, que eu tinha lido poucas semanas antes (*La chambre claire, Note sur la photographie*, Cahiers du Cinéma-Gallimard-Seuil), fiquei tocado sobretudo pelas belíssimas páginas sobre a experiência de ser fotografado, sobre o incômodo de ver o próprio rosto transformado em objeto, sobre a relação entre a imagem e o eu; assim, entre os primeiros pensamentos que me tomaram na apreensão por sua sorte se insinuava a lembrança daquela leitura recente, o liame frágil e angustiante com a própria imagem que fora lacerada de repente como se rasga uma fotografia.

Já em 28 de março, no caixão, seu rosto não estava absolutamente desfigurado: era ele, como tantas vezes o encontrei por aquelas ruas do Quartier, com o cigarro pendendo do canto da boca, no modo de quem foi jovem antes da guerra (a historicidade da imagem, um dos tantos temas de *A câmara clara*, se estende à imagem que cada um de nós faz de si na vida), mas estava ali, fixado para sempre, e as mesmas páginas daquele capítulo 5 do livro que fui reler logo em seguida agora só falavam disso, somente disso, de como a fixidez da imagem é a morte, e daí a resistência interna a deixar-se fotografar, e também a resignação. "É como se, terrificado, o Fotógrafo tivesse de lutar imensamente para que a Fotografia não seja a Morte. Mas eu, já objeto, eu não luto." Uma atitude que agora parecia reverberar naquilo que se pudera saber dele durante o mês que passou na Salpêtrière já sem poder falar.

(O perigo mortal se revelara imediatamente não nas fraturas cranianas, mas nas costelas. E então a angústia dos amigos era logo confrontada com outra citação: a da costela extirpada na juventude pelo pneumotórax e conservada numa gaveta, até quando decidiu desfazer-se dela, em *Barthes par lui-même*.)

Essas remissões da memória não são um acaso: é que toda a obra dele, agora percebo, consiste em constringir a impessoalidade do mecanismo linguístico e cognitivo a levar em conta a fisicidade do sujeito vivente e mortal. A discussão crítica sobre ele — já iniciada — se dará entre os defensores da superioridade de um ou de outro Barthes: o que subordinava tudo ao rigor de um método e o que tinha como único critério seguro o prazer (prazer da inteligência e inteligência do prazer). A verdade é que aqueles dois Barthes são apenas um: e na coexistência contínua e variamente dosada dos dois aspectos está o segredo do fascínio que sua mente exerceu em muitos de nós.

Naquela manhã cinzenta eu vagava pelas ruas desoladas atrás do hospital em busca do anfiteatro, onde soube que de forma reservadíssima o corpo de Barthes partiria para o cemitério de província para juntar-se ao túmulo de sua mãe. E encontrei Greimas, que também chegara antecipadamente e que me contou de quando o conhecera em 1948, em Alexandria, no Egito, e o fizera ler Saussure e reescrever o *Michelet*. Para Greimas, inflexível mestre de rigor metodológico, não havia dúvida: o verdadeiro Barthes era o das análises semióticas conduzidas com disciplina e precisão, como no *Sistema da moda*;

mas o verdadeiro ponto que o fazia discordar dos necrológios dos jornais era a insistência em tentar definir em categorias profissionais como filósofo ou escritor um homem que escapava a todas as classificações, pois tudo o que tinha feito na vida o fizera por amor.

Um dia antes, ao me informar pelo telefone a hora e o local daquela cerimônia quase secreta, François Wahl me falara do *cercle amoureux* de rapazes e moças que se formara em torno da morte de Barthes, um círculo quase ciumento e possessivo de uma dor que não tolerava outra manifestação que não o silêncio. O grupo atônico ao qual me juntei era formado em grande parte por jovens (no meio deles, poucas figuras famosas; reconheci o crânio calvo de Foucault). A placa do pavilhão não trazia a denominação universitária de "anfiteatro", mas a de *"Salle des reconnaissances"*, e entendi que devia ser o necrotério. Por trás de cortinas brancas que circundavam toda a sala, de vez em quando saía um caixão carregado nos ombros de agentes funerários até o furgão e seguido por uma pequena família de gente miúda, mulheres baixinhas e idosas, cada família idêntica à do funeral precedente, como a ilustração pleonástica do poder uniformizador da morte. Para nós que estávamos ali por causa de Barthes, esperando imóveis e mudos no pátio, como seguindo a senha implícita de reduzir ao mínimo os sinais do cerimonial funerário, tudo o que se apresentava naquele pátio agigantava sua função de signo; eu sentia fixar-se, em cada detalhe daquele pobre quadro, a acuidade do olhar que se exercitara em descobrir frestas reveladoras nas fotografias de *A câmara clara*.

Assim, agora que o releio, esse livro me parece todo retesado no sentido daquela viagem, daquele pátio, daquela manhã cinzenta. Porque foi justamente de um reconhecimento entre as fotografias da mãe, morta havia pouco, que a meditação de Barthes partira (como é amplamente relatado na segunda parte do livro): uma perseguição impossível da presença da mãe, reencontrada ao final numa foto dela menina, uma imagem "perdida, distante, que não se parece com ela; a fotografia de uma menina que não conheci" e que não é reproduzida no livro, porque nunca poderíamos compreender o valor que assumira para ele.

Livro sobre a morte, pois, assim como o anterior (os *Fragmentos de um discurso amoroso*) tinha sido sobre o amor? Sim, mas este também é um livro sobre o amor, como prova esta passagem sobre a dificuldade de evitar o "peso" da própria imagem, o "significado" a ser dado ao próprio rosto: "Não é a indiferença que tolhe o peso da imagem — não há nada que mais possa fazer de você um indivíduo penal, vigiado pela polícia, que uma foto 'objetiva' tipo '*Photomaton*' —, mas é o amor, o amor extremo".

Não era a primeira vez que Barthes falava sobre ser fotografado: no livro sobre o Japão (*O império dos signos*), uma de suas obras menos conhecidas porém mais ricas de finíssimas anotações, há a descoberta extraordinária, observando suas fotografias publicadas nos jornais japoneses, de um ar indefinivelmente nipônico no próprio aspecto: o que se explica pela maneira de retocar as fotografias usada habitualmente naquele país, que torna a pupila mais redonda e negra. Esse raciocínio sobre a intencionalidade que se sobrepõe à nossa imaginação — historicidade, pertencimento a uma cultura, como dizia antes, mas sobretudo intencionalidade de um sujeito que não somos nós e que usa nossa imagem como instrumento — volta em *A câmara clara* numa passagem sobre o poder dos *truquages subtils* da reprodução: ele reencontrou uma foto em que acreditara reconhecer sua dor por um luto recente na capa de um livro satírico contra ele, transformada num rosto desinteriorizado e sinistro.

A leitura do livro e a morte do autor ocorreram muito próximas uma da outra para que eu consiga separá-las. Mas é preciso que eu possa fazer isso para ser capaz de dar uma ideia do que o livro é: a aproximação progressiva a uma definição daquele tipo específico de conhecimento aberto pela fotografia, "objeto antropologicamente novo".

As reproduções contidas no livro são escolhidas em função desse raciocínio que definiríamos "fenomenológico": no interesse que uma foto suscita em nós, Barthes distingue um nível que é o do *studium* ou participação cultural na informação ou na emoção que a imagem envolve, e o nível do *punctum*, ou seja, o elemento surpreendente, involuntário e pungente que certas imagens comunicam. Certas imagens, ou melhor, certos detalhes de imagens: a leitura que Barthes faz das obras de fotógrafos famosos ou anônimos é sempre inesperada; são frequentemente detalhes físicos (mãos, unhas) ou das vestimentas cuja singularidade ele realça.

Contra as teorizações recentes da fotografia como convenção cultural, artifício, não realidade, Barthes privilegia o fundamento "químico" da operação: ser vestígio de raios luminosos emanados de algo que existe, que está ali. (E essa é a fundamental diferença entre a fotografia e a linguagem, que pode falar daquilo que não há.) Alguma coisa, na foto que estamos vendo, existiu e não existe mais: é isso que Barthes chama de tempo *écrasé* da fotografia.

Livro típico de Barthes, com seus momentos mais especulativos, nos quais parece que à força de multiplicar as malhas de sua rede terminológica ele não consegue mais desvencilhar-se dela, e suas inesperadas iluminações como lampejos de evidência que chegam feito dádivas surpreendentes e definitivas, *A câmara clara* contém desde as primeiras páginas uma declaração de seu método e de seu programa de sempre, quando, renunciando a definir um "universal fotográfico", ele decide levar em consideração apenas as fotos "que eu estava seguro de que existiam para mim".

"Nesse debate no fim das contas convencional entre a subjetividade e a ciência, eu chegava a esta ideia bizarra: por que não poderia haver, de algum modo, uma nova ciência para cada objeto, uma *Mathesis singularis* (e não mais *universalis*)?"

Essa ciência da unicidade de cada objeto que Roland Barthes continuamente margeou com os instrumentos da generalização científica e ao mesmo tempo com a sensibilidade poética aplicada na definição do singular e do irrepetível (essa gnosiologia estética ou eudemonismo do entender) é a grande coisa que ele — não digo nos ensinou, porque não se pode ensinar nem aprender — nos demonstrou que é possível: ou pelo menos que é possível buscá-la.

[1980]

12. AS EFÊMERAS NA FORTALEZA

Um enxame de efêmeras se chocou voando contra uma fortaleza, depois pousou nos bastiões, tomou de assalto a torre mor, invadiu o caminho da ronda e os torreões. As nervuras das asas transparentes mantinham-se suspensas entre as muralhas de pedra.

"É inútil tentarem equilibrar-se em suas membranas filiformes", disse a fortaleza. "Só quem foi feito para durar pode aspirar a ser. Eu duro, logo existo; vocês não."

"Nós habitamos o espaço do ar, escandimos o tempo com o bater das asas. O que mais quer dizer: ser?", responderam as frágeis criaturas. "Já você é somente uma forma posta aí, para assinalar os limites do espaço e do tempo em que existimos."

"O tempo escorre sobre mim: eu permaneço", insistia a fortaleza. "Vocês apenas afloram a superfície do devir como a pele da água dos riachos."

E as efêmeras: "Nós saltamos no vazio assim como a escrita sobre a folha branca e as notas da flauta no silêncio. Sem nós, não resta senão o vazio onipotente e onipresente, tão pesado que esmaga o mundo, vazio cujo poder aniquilador se reveste de fortalezas compactas, o vazio-cheio que só pode ser dissolvido por aquilo que é leve e rápido e sutil".

■ *ITALO CALVINO*

Imaginem que este diálogo ocorra no Forte do Belvedere, em Florença, que abriga as esculturas aéreas de Fausto Melotti, uma das quais se intitula precisamente *Os efêmeros*: uma partitura de ideogramas sem peso, como insetos aquáticos que parecem voltear sobre uma rampa de latão protegida por um filtro de gaze.

Também é possível imaginar que, contra o fundo do diálogo, se desenvolvam as discussões ocorridas este ano na Itália sobre a estética do efêmero. Mas se pode perfeitamente prescindir disso, porque a conversa de Fausto Melotti é outra: seu uso de materiais pobres e perecíveis — hastes de latão soldadas, gaze, correntinhas, papel-alumínio, papelão, cordão, arame, gesso, trapos — é o meio mais rápido de alcançar um reino visionário de esplendores e maravilhas, como bem sabem as crianças e os atores shakespearianos.

Mas não se pode deixar de lembrar que infelizmente a exposição já se encerra no dia 8 de junho, como por uma interpretação equivocada e literal do valor do efêmero por parte dos organizadores florentinos. De modo que todas essas obras, das quais muitas realizadas especificamente para os espaços do Belvedere (sejam novas criações ou ampliações de obras precedentes), ficarão expostas apenas por dois meses. Mais um paradoxo, essa consagração contraída no tempo, na história de um artista que só em idade tardia foi reconhecido como um dos maiores.

Nos bastiões verdes do Belvedere, uma paliçada de formas geométricas em aço escuro, hirta de lanças em ponta ou cravadas no chão, pode evocar uma guerra de bárbaros ou extraterrestres; mas logo nos damos conta de que ela está posta para defender um espaço em que a força que vence é a interior, a obstinação é feita de linhas finas, o desafio é sustentado pela ironia.

Eu diria que é nas dimensões por volta de um metro de altura que os ritmos da imaginação de Melotti e a colocação no forte se encontram com mais felicidade. E felicidade aqui quer dizer um máximo de alegria e de melancolia juntas, como a do *Viandante* com a echarpe de linha que passa rente a uma parede de painéis geométricos e metálicos sob um céu de tecido.

Ou como *La nave di Ulisse*, descarnado como a carena de um pássaro, com uma cabecinha de gesso fincada num mastro. (É preciso notar que Melotti, um dos "pais fundadores" do abstracionismo, põe quase sempre em suas obras um elemento figurativo ainda que mínimo, como para sublinhar que o rigor nunca está onde mais se espera que esteja.) Ou como o *Canal grande*, feito de tijolos perfurados e pousados sobre um espelho.

"Há o amor e há o respeito pela matéria", escreve Melotti em seu livrinho de aforismos (*Linee*, "Piccola Biblioteca Adelphi"). "O amor é uma paixão, e pode virar ódio: um drama vivificante para um artista artesão. O respeito é como uma separação legal: a matéria exige seus direitos, e tudo acaba numa relação gélida. O verdadeiro artista não ama nem respeita a matéria: ela está sempre 'em teste', e tudo pode ir para o brejo (Leonardo, Michelangelo e seus mármores)."

[1981]

13. O PORCO E O ARQUEÓLOGO

A grande novidade deste ano nas escavações da vila romana de Settefinestre, perto de Orbetello, é a pocilga. Trata-se de um pátio que tem nos quatro lados vários compartimentos separados por muretas e com buracos no chão para o comedouro: a área era coberta por um pórtico, do qual restam as bases dos pilares. Assim que essa estrutura veio à luz, a primeira ideia é que cada compartimento abrigasse um porco para a engorda; e, indagado sobre o assunto, um criador de porcos reconheceu ali uma instalação não muito diversa daquelas usadas atualmente. Mas a leitura das fontes clássicas logo mandou a hipótese pelos ares.

O tratado de agricultura de Columella, que é da mesma época da vila (século I a.C.), tem um capítulo sobre a criação de porcos que não fala de animais na engorda: enumeram-se os alimentos mais adequados para os suínos, mas sempre em relação ao pasto nos bosques. O ambiente da pocilga, por sua vez, era dedicado à gravidez das porcas, ao parto e ao aleitamento.

"Os porcos não podem ser guardados juntos como os outros rebanhos", escreve Columella (cito a tradução de Rosa Calzecchi Onesti, Einaudi), "mas é preciso fazer pocilgas separadas ao longo de um muro, onde sejam isoladas as porcas recém-paridas e também as prenhas. De fato as porcas, especialmente quando são guardadas em grupos e sem ordem, se deitam umas sobre as outras e assim abortam os fetos. Eis por que é preciso construir pocilgas apoiadas nos muros, e que tenham quatro pés de altura (1,20 metro), a fim de que a porca não possa pular para fora. Mas as pocilgas não devem ser fechadas no alto, para que o guardador possa verificar o número dos leitõezinhos e retirá-los de baixo da mãe caso ela se deite sobre algum deles."

Assim, a escavação de Settefinestre trouxe à luz uma pocilga que corresponde exatamente à descrição de Columella, ou seja, uma grande maternidade para a produção dos porquinhos, cada porca num boxe separado (em latim, *harae*). De fato, uma diferença fundamental distingue a criação moderna, voltada para porcos gordos, e a romana, que se baseava no número de animais e em sua capacidade de locomoção. Porque os porcos não eram abatidos na vila: deviam chegar à cidade com as próprias pernas, em grandes rebanhos (assim como os bovinos do Far West eram acompanhados pelos caubóis até os abatedouros de Chicago, antes de inventarem os vagões frigoríficos). Assim, enquanto os porcos machos viviam e se nutriam sempre a céu aberto, os recintos das *harae* eram reservados às porcas durante os quatro meses de gestação e as três semanas de aleitamento. Na pocilga de Settefinestre as *harae* são 27: contando 27 porcas que podem ter oito filhotes a cada parto, parindo duas vezes ao ano, pode-se calcular uma produção de cerca de quatrocentas cabeças por ano.

O aleitamento reservava alguns problemas, não só para os criadores romanos, mas também para os arqueólogos de hoje. Columella recomenda que as porcas só amamentem as próprias crias, já que, quando os porquinhos se misturam, começam a mamar nas tetas de uma porca qualquer e, como as mães não fazem distinção entre seus filhotes e os das outras, haveria porcas exauridas, porquinhos vorazes hipernutridos e outros que morrem de fome. Portanto, o dom mais precioso do guardador de porcos, segundo Columella, é a memória: saber reconhecer os filhos de cada porca e evitar a confusão. Tarefa muito difícil: é possível ajudar pondo um sinal de piche nos filhotes da mesma ninhada, mas "a coisa mais cômoda a fazer é fabricar as pocilgas (estamos falando sempre das *harae*, ou seja, de cada um dos boxes) de modo que sua soleira seja elevada, permitindo que a nutriz possa sair, mas não os filhotes".

Aqui Columella já divergia das escavações de Settefinestre, que tinham descoberto soleiras baixas; e não concordava nem mesmo com Varrão (cujo tratado *De re rustica* não é menos detalhado e preciso que o do outro), o qual dizia que as soleiras devem ser baixas, se não as porcas prenhas bateriam o ventre nelas e abortariam. (Mas Varrão não concordava nem com ele mesmo, porque, poucas linhas abaixo, falava igualmente de uma soleira alta, para impedir que os porquinhos saiam.)

Para resolver todas essas contradições só há um procedimento: escavar buscando trazer à luz os mínimos detalhes. Com efeito, as soleiras das *harae* são atravessadas por um sulco que não se encontra na pedra de nenhuma outra soleira. Para que podia servir esse sulco se não para o encaixe de uma barreira de tábuas verticais, uma portinhola de correr que o guardador podia levantar para deixar a porca passar e baixar para impedir a fuga dos filhotes? É por isso que as soleiras eram baixas e altas segundo as exigências. É por isso que, manejando a pá com respeito por cada vestígio do vivido, a verificação arqueológica demonstra que os fatos não estão em contradição com os clássicos; não só isso, mas também que os clássicos não estão em contradição com eles mesmos.

Debaixo da terra não se perde nada, ou pelo menos se conserva o máximo de informação; mas é no ato da escavação que, se a técnica não for adequada, se arrisca a destruir o que os séculos haviam conservado. A arqueologia italiana sempre foi tendencialmente arquitetônico-monumental: comove-se apenas com arcos do triunfo, colunas, teatros, termas, considerando todo o resto fragmentos sem importância. Em países mais pobres de vestígios monumentais desenvolveu-se uma escola diferente, hoje difusa em todo o mundo, e que tem entre nós um apóstolo apaixonado, Andrea Carandini: a arqueologia como pesquisa em cada estrato do terreno nos mínimos sinais e indícios a partir dos quais se possa reconstruir a vida prática e cotidiana, os comércios, a agricultura, as fases da história da sociedade. É um trabalho todo feito de hipóteses e de comprovações, que avança à forca de tentativa e erro, de enigmas, deduções e induções, como no caso da pocilga.

Há cinco anos, em Settefinestre, todos os verões cerca de cinquenta jovens italianos e ingleses levam adiante as escavações sob a direção de Andrea Carandini. São alunas e alunos de arqueologia ou de restauro que fazem um estágio como voluntários; e é possível vê-los todas as manhãs martelando, cavando e varrendo fragmentos debaixo do sol, durante oito horas (o horário do canteiro vai das seis e meia às duas e meia), com um ânimo diante do cansaço que só se vê nas atividades que dão uma gratificação imediata. Para ser exato, devo dizer que a primeira coisa que salta aos olhos são as moças dando golpes de picareta, empunhando a pá e empurrando pesadas carriolas, enquanto os rapazes parecem preferir trabalhos mais calmos e leves. Seja como for, ao vê-los todos juntos se tem uma imagem da juventude de hoje bem diferente daquela proposta pelas habituais reportagens, mas que talvez represente melhor tantas coisas que hoje são tendência: esforço coletivo e realização individual, concentração e desenvoltura, alacridade e relaxamento.

A arma secreta ou emblema simbólico da nova arqueologia é uma colher de pedreiro muito menor que a utilizada pelos operários italianos, mas usada correntemente pelos operários ingleses. A técnica dos arqueólogos ingleses para cavar sem cometer desastres talvez nasça do fato de que eles tivessem nas mãos esse simples utensílio. Na falta de um verbo italiano tão ágil quanto o instrumento, em Settefinestre foi cunhado o verbo "*traulare*", do inglês *trowel*, colher de pedreiro.

Os cacos dos desmoronamentos ocorridos ao longo dos séculos são trazidos à luz estrato por estrato, desenhados e fotografados como foram encontrados, descritos em minuciosas fichas, depois extraídos e depositados em bandejas de plástico na posição em que foram recuperados. Podem ser pedaços de telha de uma cobertura que desabou, fragmentos de reboco das paredes ou do teto pintados em afresco, cacos de objetos, descendo até os mosaicos dos pavimentos. Depois, em laboratório (da Universidade de Siena), são classificados e numerados e aí se começa a recompor o quebra-cabeça.

A vila Settefinestre tem muito que dizer sobre a sociedade e a economia romanas da época republicana e imperial, e nem todas as peças estavam soterradas. O que permaneceu visível por 21 séculos devia ser o que primeiramente se avistava por quem na época percorria a via romana ao fundo do vale: uma cinta de muro torreada (falsas torres, para dar a ilusão cênica de muralhas de uma cidade a distância). O muro circundava um jardim em cujos fundos se elevava uma fachada monumental, com pórtico e, acima dele, uma galeria panorâmica (a galeria ruíra, e as colunas foram saqueadas, mas as arcadas do pórtico permaneceram visíveis: por isso a estrutura ganhou o nome de *Settefinestre* [Sete janelas]).

O aspecto monumental da vila, numa posição dominante sobre aquelas plagas que eram e continuariam sendo umas das mais desoladas da Maremma, devia reforçar a importância da família que tinha investido capitais e escravos numa grande empresa de produção e exportação de vinho e azeite de oliva. Estamos nas proximidades de Cosa (a cidade romana que mais tarde foi identificada com uma hipotética Ansedônia), em cujo porto foi encontrada grande quantidade de ânforas de vinho com a marca dos Sesti: a mesma marca se vê nas ânforas achadas em restos de navios romanos em costas francesas ou espanholas, bem como em escavações arqueológicas nos vales do Ródano e do Loire. Como as mesmas iniciais se encontram em peças de Settefinestre, parece comprovado o pertencimento da vila à família senatorial romana dos Sesti. Correligionários de Silas, os Sesti se beneficiaram dos confiscos de terras depois da guerra civil entre Mario e Silas, estabelecendo-se na zona de Cosa, onde uma primeira fase de agricultura colonial (a centuriação das terras distribuídas aos soldados) entrara em crise havia tempos e definhava. A grande revolução tecnológica da agricultura intensiva tornou-se possível pela disponibilidade de escravos prisioneiros de guerra em mãos de poucas famílias prósperas, que permitiu o adestramento de mão de obra especializada.

Sobre a vida dos escravos pouco sabemos pelas fontes escritas, e um dos motivos do interesse de Settefinestre está nas informações que podemos obter por meio da parte da vila destinada aos servos, uma ala autônoma, mas articulada ao corpo do edifício e dividida em celas: disposição não muito diversa daquela que foi encontrada em alojamentos de soldados nos locais onde restaram vestígios de campos militares romanos. Calcula-se que cada cela pudesse alojar quatro escravos e, a julgar pela parte escavada até agora, é possível dizer que a vila dispunha de uns quarenta escravos, cifra que concorda com os testemunhos dos autores da época. Se levavam uma vida de prisioneiros aquartelados e sem mulheres, ou se cada uma dessas celas abrigava uma família com mulher e filhos (constituindo uma espécie de criação de escravos, considerando a grande conveniência de multiplicar essa fonte fundamental de energia), ainda não se pode saber ao certo. As escavações nos alojamentos servis "falam" menos que aquelas realizadas nos aposentos senhoris, porque as paredes não dispõem de afrescos nem ornamentos, e poucos são os fragmentos de objetos. Uma taça de cerâmica com o nome inciso de *Encolpius* é uma das poucas mensagens que as escavações nos transmitiram.

Portanto, o edifício concentrava num mesmo corpo uma luxuosa residência senhoril, uma caserna de escravos e uma instalação agrícola (as cantinas, as prensas da uva e das olivas foram escavadas inteiras e permitiram compreender as técnicas usadas). A "vila" romana era uma unidade produtiva; de cada vila dependiam cerca de quinhentas jeiras de terreno arável (algo em torno de 125 hectares). Os Sesti seguramente possuíam muitas vilas na zona, mas parece que esta teria tido uma especial função de residência e representação. O comando das propriedades tornava necessária a presença dos patrões por pelo menos parte do ano; por isso os ambientes residenciais deviam proporcionar a seus donos uma vida prazerosa, que não os fizesse lamentar os confortos da cidade.

E aí está a galeria panorâmica que comunicava com um jardim interno, em colunas, através de uma sala chamada "êxedra"; um átrio com implúvio pavimentado em mosaico; três ou quatro triclínios ou salas de jantar ornadas por afrescos, cada uma reservada para uma estação do ano; seis salas, entre as quais um raro exemplar de "sala coríntia", quatro quartos de dormir com duas alcovas cada um e base para os armários. Do jardim podemos saber a forma e a disposição dos canteiros, já que eram escavados num fundo rochoso e depois enchidos de húmus.

Num dos lados da colina, uma superfície de aproximadamente um hectare é cercada por um alto muro de pedra; é provável que se trate de um *leporarium*, ou seja, uma reserva de animais silvestres: lebres, javalis e cervos guardados por escravos caçadores. Segundo Varrão, essas criações eram um sinal do luxo daqueles tempos. Também serviam de local de espetáculos: Varrão conta a história de um proprietário que aí se exibia vestido de Orfeu, circundado por veados e corças.

O período em que a vila esteve em atividade durou, de acordo com Andrea Carandini, pouco mais de dois séculos, isto é, da primeira metade do século I a.C. ao início do século II d.C.; mas a fase de pleno esplendor seguramente foi mais breve. Pode-se dizer que a decadência econômica — e não só econômica — da Itália começa com o apogeu do Império romano, quando são as províncias imperiais mais distantes, e não mais a península, que criam as riquezas absorvidas por Roma. Os indícios arqueológicos provam que em Settefinestre, já no século I d.C., as instalações agrícolas se estendem a partes da vila que haviam sido residenciais, sinal de que os proprietários não moravam mais ali. A produção de vinho e de azeite se orienta para o consumo local, e não mais para as exportações. No século I d.C., o latifúndio imperial incorpora as vilas da aristocracia: o cultivo de cereais e as pastagens, que demandam mão de obra menos numerosa e menos especializada, substituem os vinhedos e os olivais.

Pouco a pouco os tetos abobadados e as paredes de afresco desmoronam, as prensas de uva são desmanteladas, as cantinas se tornam depósitos de grãos. A vila é abandonada e saqueada; famílias de pastores se refugiam nela. Dois esqueletos da alta Idade Média, enterrados sob o pórtico, testemunham uma humanidade de ossos macilentos e malformados, uma existência nos limites da sobrevivência. O subdesenvolvimento tem em nós uma história mais longa que as fases de "milagre econômico", embora deixe menos marcas no subsolo. A pá e a colher de pedreiro do arqueólogo buscam reconstruir a continuidade da história através de longos intervalos obscuros.

[1980]

14. A NARRATIVA DA COLUNA DE TRAJANO

As estruturas metálicas e os andaimes de tábuas que há algum tempo envolvem vários monumentos romanos oferecem à Coluna de Trajano uma oportunidade mais do que rara, única, uma ocasião que quiçá se apresente pela primeira vez nos dezenove séculos desde que ela foi erguida: os baixos-relevos podem ser vistos de perto.

Vistos talvez *in extremis*, porque o mármore da superfície esculpida está virando gesso, solúvel em água, e a chuva estava acabando com ele. A Superintendência para as Antiguidades está justamente tentando proteger, com os andaimes, essa película que se tornou friável, à espera de que se encontre um método para fixá-la — método que ainda não se sabe se existe. Será culpa da poluição, será culpa das vibrações, ou será a moenda do tempo que milênio após milênio consegue reduzir tudo a pó; o fato é que a suposta eternidade das ruínas romanas talvez tenha chegado ao crepúsculo, e caberá a nós sermos as testemunhas de seu fim.

Sabendo disso, apressei-me a subir pelos andaimes da Coluna de Trajano, certamente o mais extraordinário monumento que a Antiguidade romana nos deixou, e também o menos conhecido, apesar de ter estado sempre ali, diante dos olhos. Porque o que faz a excepcionalidade da coluna não são apenas seus quarenta metros de altura, mas sua "narratividade" figurativa (toda feita de minuciosos detalhes de grande beleza), que requer uma "leitura" seguida de toda a espiral de baixos--relevos com duzentos metros de comprimento, que conta a história das duas guerras de Trajano na Dácia (101-2 e 105 d.C.). Fui acompanhado por Salvatore Settis, professor de arqueologia clássica na Universidade de Pisa.

A história começa representando a situação imediatamente anterior ao início da campanha, quando os confins do império ainda se detinham no Danúbio. A faixa narrativa se abre (inicialmente muito baixa, depois crescendo aos poucos) com a paisagem de uma cidade romana fortificada acima do rio, com suas muralhas, a torre de guarda e os dispositivos para sinalização ótica em caso de incursão dos dácios: pilhas de madeira para o fogo, montes de feno para as colunas de fumaça. Todos os elementos para criar um efeito de alarme, de espera, de perigo, como num faroeste de John Ford.

Assim são expostas as premissas para a cena seguinte: os romanos que atravessam o Danúbio sobre o convés de barcos para tomar a outra margem; quem pode duvidar da necessidade de reforçar aquela fronteira, tão exposta aos ataques dos bárbaros, estabelecendo postos avançados em seus territórios? As fileiras de soldados se encaminham sobre os tombadilhos, levando à frente as insígnias das legiões; as figuras evocam o pisotear estridente da tropa em marcha, com os elmos pendentes dos ombros, marmitas e panelas penduradas em varas.

O protagonista da narrativa é obviamente o imperador Trajano em pessoa, representado sessenta vezes nesses baixos--relevos; pode-se dizer que cada episódio é assinalado pela reaparição de sua imagem. Mas como o imperador se distingue das outras personagens? Nem o aspecto físico nem a vestimenta apresentam traços distintivos; é a posição em relação aos outros que o denota sem sombra de dúvida. Se há três figuras togadas, Trajano é a do meio; de fato, os dois ao lado olham para o imperador, e é ele quem comanda e gesticula; se há uma fila de pessoas, Trajano é o primeiro, seja para exortar a multidão, seja para aceitar a rendição dos vencidos; ele se encontra sempre no ponto para onde converge o olhar das outras personagens, e suas mãos se erguem em gestos significativos. Aqui, por exemplo, ele é visto ordenando uma fortificação, enquanto aponta o legionário que surge de uma fossa (ou das correntes do rio?) com um cesto de terra nos ombros, retirada das escavaduras da fundação. Mais adiante Trajano é retratado contra o fundo do acampamento romano (no meio está a tenda imperial), enquanto os legionários arrastam diante dele um prisioneiro puxado pelos cabelos (os dácios se distinguem por cabelos longos e barbas) e, com uma joelhada (quase uma rasteira), obrigam-no a ajoelhar-se a seus pés.

Tudo é muito preciso: os legionários são identificados pela lorica segmentada (uma couraça em listras horizontais), e, como também eram responsáveis por obras de construção, os vemos erguer muros de pedra ou abater árvores vestindo a lorica, detalhe pouco verossímil, mas que serve para entendermos quem são; ao passo que é um gibão de couro que distingue os *auxilia*, de armadura mais leve, frequentemente figurados a cavalo. Depois há os mercenários pertencentes a populações subjugadas, de torso nu, armados de clava, com feições que indicam sua origem exótica, inclusive mouros da Mauritânia. Todos os soldados esculpidos nos baixos-relevos, milhares e milhares, foram catalogados com precisão porque a Coluna de Trajano até hoje foi estudada sobretudo como documento de história militar.

Mais incerta é a classificação das árvores, representadas de forma simplificada e quase ideogramática, mas agrupáveis em um número restrito de espécies bem distintas: há um tipo de árvore com folhas ovais e outro com copas arredondadas; depois carvalhos, de folha inconfundível; creio ainda reconhecer uma figueira que desponta de um muro. As árvores são o elemento mais recorrente da paisagem; e muitas vezes as vemos cair sob os machados dos lenhadores romanos, para servir de vigas às fortificações, mas também para dar lugar às estradas: a vanguarda romana abre caminho na floresta primitiva assim como a narrativa esculpida abre caminho no bloco de mármore.

COLEÇÃO DE AREIA ▪

Também as batalhas são cada uma diferente da outra, como nos grandes poemas épicos. O escultor as fixa sinteticamente no momento em que se decide seu desfecho, paginando-as segundo uma sintaxe visual de nítida evidência, grande elegância e nobreza formal: os caídos em baixo, como um friso de corpos supinos na borda da faixa, o movimento das fileiras que se cruzam, com os vencedores em posição dominante, mais no alto ainda o imperador e, no céu, uma aparição divina. E, tal como nos poemas épicos, jamais falta um detalhe macabro ou truculento: aí está um romano que carrega nos dentes a cabeça cortada de um inimigo dácio, pendurado pelos longos cabelos; e outras cabeças decepadas são exibidas a Trajano.

É também possível dizer que cada batalha é distinguida por um motivo de estilização geométrica sempre diversa: por exemplo, aqui vemos todos os romanos com o antebraço direito erguido em ângulo reto na mesma direção, como se arremessassem dardos; e logo acima está Júpiter, voando na vela de seu manto, que levanta a direita num gesto idêntico, brandindo certamente um raio dourado hoje desaparecido (deveríamos imaginar os baixos-relevos coloridos, como eram em origem), sinal indubitável de que o favor dos deuses está do lado dos romanos.

A queda dos dácios não é desonrosa, eles mantêm mesmo na agonia uma dignidade dolente; fora da aglomeração, dois soldados dácios estão transportando um companheiro ferido ou morto; é um dos pontos mais belos da Coluna de Trajano e talvez de toda a escultura romana; um detalhe que com certeza foi a fonte de muitas deposições cristãs. Pouco mais acima, entre as árvores de um bosque, o rei Decébalo contempla com tristeza a derrota dos seus.

Na cena seguinte, um romano ateia fogo com uma tocha numa cidade dos dácios. É Trajano em pessoa que lhe dá a ordem, em pé atrás do soldado. Das janelas saem línguas de fogo (imaginemo-las pintadas de vermelho), enquanto os dácios batem em retirada. Já estamos prestes a julgar impiedosa a condu-

101

ta de guerra romana quando, observando melhor, vemos despontar dos muros da cidadela dos dácios estacas com cabeças espetadas na ponta. Agora estamos prontos a condenar os dácios cruéis e a justificar a vingança de Roma: o diretor dos baixos-relevos sabia administrar com perícia os efeitos emotivos das imagens tendo em vista sua estratégia de celebração.

Depois Trajano recebe uma embaixada dos inimigos. Mas agora já aprendemos a distinguir, entre os dácios, aqueles com o *pilleus* (barrete redondo), que são os nobres, e os que trazem descobertas as longas cabeleiras, ou seja, a gente comum. Pois bem, a embaixada é composta de cabeças cheias de cabelo; por isso Trajano não a aceita (o gesto com três dedos é um sinal de recusa); seguramente ele exige contatos de mais alto nível (que não tardarão a ocorrer depois de outras derrotas dos dácios).

Aparição insólita nessa história toda masculina como tantos filmes de guerra, eis que surge uma jovem de ar desolado sobre um navio que se afasta de um porto. Uma multidão a saúda do cais, e uma mulher estende uma criança para a que parte, decerto um filho do qual a mãe é forçada a separar-se. Há ainda o indefectível Trajano que assiste a essa despedida. As fontes históricas esclarecem o significado da cena: ela é a irmã do rei Decébalo, mandada para Roma como butim de guerra. O imperador ergue uma mão para saudar a bela prisioneira e, com a outra, indica o menino: para recordar-lhe que o pequeno é seu refém? Ou como uma promessa de que o educará romanamente, a fim de fazer dele um rei submisso ao Império? Seja como for, a cena tem um páthos misterioso, acentuado pelo fato de que na mesma sequência, não se sabe por que, tínhamos acabado de assistir a um massacre de animais, com figuras de cordeiros abatidos.

(Figuras femininas também aparecem numa das cenas mais cruéis da coluna: mulheres como tomadas de fúria estão torturando homens nus; romanos, ao que parece, já que têm cabelos curtos; mas o sentido da cena permanece obscuro.)

O corte entre as sequências é marcado por um elemento

vertical: uma árvore, por exemplo. Mas às vezes também há um motivo que continua para além daquele limite, de um episódio a outro, como as flutuações do mar sobre o qual parte a princesa prisioneira, que se tornam a correnteza do rio que, na cena seguinte, arrasta os dácios depois de um ataque malsucedido a uma praça-forte romana.

Em conjunto com a continuidade horizontal (ou melhor, oblíqua, já que se trata de uma espiral que envolve o fuste de mármore), notam-se motivos que se articulam em sentido vertical, de uma cena a outra, em toda a altura da coluna. Por exemplo: ao lado dos dácios combatem os roxolanos, cavaleiros de corpo inteiramente recoberto por uma armadura de escamas de bronze, sobre cavalos também cheios de escamas; sua vistosa presença, como um prenúncio da *imagerie* medieval, domina uma cena de batalha fluvial; mas na imagem de outra batalha que ocorre imediatamente acima daquela vemos jazer sem vida um desses seres escamosos, alongado como uma espécie de homem-peixe ou de homem-réptil. Mais adiante, o movimento de uma batalha é dado por um alinhamento de escudos ovais que fazem frente numa linha diagonal; na porção de coluna sobrejacente vemos repetir-se uma série de escudos do mesmo tipo, mas desta vez dispostos em faixa horizontal, lançados ao chão pelos inimigos que se renderam numa outra batalha.

A espiral gira e acompanha o desenrolar da história no tempo e o itinerário no espaço, de modo que a narrativa jamais retrocede aos mesmos lugares: aqui Trajano zarpa de um porto, lá atraca e se põe em marcha atrás do inimigo, eis uma fortaleza tomada de assalto por "encouraçados", e mais além a entrada em cena das artilharias de campo: *carrobalistae*, ou seja, catapultas montadas sobre carros. Em toda parte se recordam os mortos e os feridos, de ambos os lados, assim como os cuidados médicos, que fizeram a fama do exército de Trajano. É evidente a atenção em não subestimar as contribuições de nenhum corpo do exército romano: quando se apresenta um legionário ferido, posta-se a seu lado outro ferido, pertencente aos *auxilia*.

Após a batalha final da primeira campanha na Dácia, vê-se Trajano recebendo a súplica dos vencidos, um dos quais lhe abraça os joelhos. O rei Decébalo também está entre os suplicantes, porém mais recuado e digno. Uma Vitória alada separa o final da narrativa da primeira campanha do início da segunda, com Trajano que embarca do porto de Ancona. Mas por ora os andaimes terminam aqui, e por isso não pude ver como a coisa acaba. Contarei o resto da história assim que for possível acompanhá-la pessoalmente.

Resta falar do grande mistério desse monumento: uma coluna tão alta, toda recoberta de cenas minuciosamente esculpidas, que não podem ser vistas da terra. Tudo bem que no século I se erguiam ao redor altos edifícios, hoje desaparecidos, cujos terraços davam para a coluna; mas a distância de onde esses observadores podiam contemplá-la não lhes permitia fazer uma "leitura" de todos os detalhes, e de qualquer modo era impossível seguir a continuidade da narrativa ao longo da espiral. (Por andaimes talvez não muito diversos deste, subiram para registrar seus desenhos e volumes arqueólogos enviados por muitos soberanos da Europa: Francisco I, Luís XIV, Napoleão III, a rainha Vitória. Mais aventurosamente, Ranuccio Bianchi Bandinelli se fez içar por uma escada de bombeiros. Por meio do resultado de explorações conduzidas de um século a outro, ainda que incompletas e descontínuas, é que a Coluna de Trajano foi conhecida até agora.)

Não é apenas o destinatário dessa elaborada mensagem que permanece misterioso. Nada se sabe sobre o sistema que foi usado para içar, uns sobre os outros, os dezoito blocos (ou monólitos cilíndricos de mármore guarnecidos de cabos internos, com uma escada em caracol no centro) que compõem o fuste. Não se sabe nem mesmo se os blocos foram esculpidos no chão, um por um, ou somente após terem sido montados.

Além disso, há outros mistérios: como as cinzas de Trajano e da mulher foram muradas na base da coluna, se uma lei inderrogável dos romanos proibia o sepultamento dos mortos no perímetro do *pomerium*? (Não eram suas as cinzas recolhidas numa urna de ouro, mas era como se fossem: morto em Selinunte e lá incinerado, Trajano foi substituído em seu triunfo em Roma por um manequim de cera, que depois foi queimado com as honrarias devidas a um imperador destinado a ascender aos céus.)

No entanto, os grandes interesses que envolviam as conquistas romanas no mar Negro (entre outras coisas, a Dácia era rica em minas de ouro) explicam abundantemente a grandiosidade do culto a Trajano (as festas das celebrações duraram 180 dias; o donativo que coube a cada cidadão foi o mais alto de que se tem notícia) e o complexo de monumentos gigantescos ao redor da tumba e do templo do imperador. Para nós, restou até hoje esta epopeia de pedra, uma das mais amplas e perfeitas narrações figuradas que conhecemos.

[1981]

15. A CIDADE ESCRITA: EPÍGRAFES E GRAFITES

Quando pensamos numa cidade romana dos tempos do Império, imaginamos colunatas de templos, arcos do triunfo, termas, circos, teatros, monumentos equestres, bustos e hermas, baixos-relevos. Não nos ocorre que, nessa muda cenografia de pedra, falta o elemento que era o mais característico, inclusive visualmente, da cultura latina: a escrita. A cidade romana era antes de tudo uma cidade escrita, recoberta por um estrato de texto que se estendia sobre seus frontões, suas lápides, suas insígnias. "Escritas presentes em toda parte, pintadas, gravadas, incisas, suspensas em tabuletas de madeira ou traçadas sobre enquadramentos brancos [...] ora publicitárias, ora políticas, ora funerárias, ora comemorativas, ora públicas, ora mais que privadas, de anotação ou de insulto ou de jocosa lembrança [...] expostas onipresentemente, com certa preferência — é verdade — por alguns lugares específicos, praças, foros, edifícios públicos, necrópoles, mas apenas para as mais solenes; não para as outras, indiferentemente espalhadas onde quer que houvesse a entrada de uma loja, um cruzamento, um pedaço de parede livre e à altura de um homem."

Entretanto, na cidade medieval a escrita havia desaparecido: seja porque o alfabeto tinha deixado de ser um meio de comunicação de acesso comum, seja porque não havia mais espaços que pudessem acolher escritas ou atraíssem os olhares para elas; as ruas eram estreitas e tortuosas, os muros, todos feitos de saliências e cantarias e arcadas; o lugar onde se transmitiam e custodiavam os significados de qualquer discurso sobre o mundo era a igreja, cujas mensagens eram orais ou figurais, mais que escritas.

Essas duas visões contrapostas nos são oferecidas por Armando Petrucci na abertura de seu ensaio intitulado "La scrittura fra ideologia e rappresentazione", que (em 144 páginas e 122 ilustrações) representa o primeiro esboço histórico já realizado da epigrafia italiana desde a Idade Média até hoje; e não só da epigrafia, mas também de qualquer manifestação da visualidade da escrita e, portanto, daquilo que hoje chamamos de gráfica. *Grafica e immagine* é, a propósito, o título do novo volume da *Storia dell'arte italiana* editada pela Einaudi (terceira parte, segundo volume, tomo I), que justamente traz este ensaio de Petrucci.

Na cidade medieval, os restos das lápides romanas tinham continuado a falar com a mesma voz solene que agora poucos entendiam. E no entanto a tradição de traçar letras com grande arte se perpetuava no interior das celas dos monges escribas, nas páginas dos códices, segundo técnicas e modalidades inteiramente diversas. De modo que quando, depois do ano 1000, os muros das catedrais e dos palácios sentirem a necessidade de proferir palavras, os modelos aos quais recorrerão para escandir seu trôpego latim serão dois, alternados ou diversamente combinados: as letras capitais, com a ordem horizontal e centrada das vetustas epígrafes, e o alfabeto dos livros, goticamente espinhoso e retorcido, que preenchia densamente as paredes como se fossem páginas.

Nada parece mais estático e codificado que as maiúsculas latinas. Contudo é justamente no século XV, quando o modelo romano volta a ser dominante, que as aventuras de cada letra podem ser acompanhadas nos caprichos contidos de sua cauta indisciplina. O Q é a letra que se permite mais bizarrias, já que o elemento que a caracteriza é a faculdade de abanar o rabo à vontade: letra-gato que felinamente se encolhe e move a cauda, ora alongando-a sob a letra seguinte, ora retorcendo-a para trás, ora vibrando-a em chicotadas fulminantes, ora arrastando-a preguiçosamente e arqueando-a em ondulações côncavas ou convexas. Mas também o A pode permitir-se suas liberdades, apoiando, por exemplo, todo o seu peso na perna esquerda ou então (em variantes mais heterodoxas) dobrando sua barra interna, ao passo que o M pode escolher entre uma posição de repouso, abrindo um pouco as pernas, ou de tensão, enrijecendo-as na vertical e em paralelo. O G pode terminar num caracol arredondado ou num dente cortante ou num gancho achatado, ou então se fechar sobre si mesmo como um alambique. O X pode escapar à sua vocação aritmética e algébrica variando os ângulos do cruzamento ou deixando que um braço se espreguice em movimentos ondulados. Quanto ao Y, não se deixará fugir a ocasião de acentuar seu exotismo compondo-se numa palmeira de folhas curvas. Às vezes as fórmulas de abreviação epigráfica sugerem a invenção de novos signos, como um NT condensado num único ideograma, letra-ponte que não por acaso comparece na placa que celebra a construção de uma ponte dedicada a um pontífice (Ponte Sisto, 1475).

Inicialmente determinada pelo ato de gravar com o escalpelo ou de vazar com a pena, a forma dos caracteres alfabéticos logo passou a responder às exigências da nova arte tipográfica, que hegemonizou todo tipo de escrita. E os frontispícios impressos ensinaram um novo sentido das proporções, das relações entre espaços brancos e caracteres, que logo se fez notar nas lápides. A composição impressa não tardou a ser produzida em paginações bizarras e espetaculares, como na *Hypnerotomachia* de Francesco Colonna, livro editado em Veneza mas concebido em Roma.

Nessa história da visualidade gráfica, quase tudo acontece em Roma, diante dos vestígios latinos e em diálogo com eles. Depois de Michelangelo, que tem um lugar de destaque, a meio caminho entre renovação da ordem clássica e inovação, começa a desencadear-se a revolução barroca. O prazer da ficção leva a melhor, e não é mais tanto a escrita que conta, mas o suporte que a deforma e às vezes a oculta entre drapejamentos e avessos: lápides de bronze ou mármore negro ou vermelho em forma de cártula ou de cortina ou de sudário ou de pele de animal selvagem, superfícies movimentadas ou amassadas ou rasgadas nas bordas, onde letras metálicas ou douradas ondulam ou desaparecem entre as dobras. Assim como a pedra finge ser papel, nos frontispícios dos livros a página finge ser lápide. Chegamos a Piranesi, ao século XVIII visionário e eclético que ombreia e contrabalança o século XVIII neoclássico e purista de Bodoni e de Canova.

Ao chegar à época moderna, Petrucci se distancia da linha dominante do gosto gráfico, que vai perdendo interesse artístico, e tenta catalogar as "rupturas da norma". Nessa perspectiva, ele retoma sua história desde o início explorando cártulas dos primitivos sieneses, gravuras astrológicas, insígnias de corporações, ex-votos. A fantasia da gráfica popular é uma vegetação espontânea que será colhida e cultivada pelas vanguardas, a começar por William Morris, que proclama a revolução antibodoniana.

Num rápido esboço se passa à Itália dos anos 1930, em que a modernidade do caractere mais simples e austero, o "bastão", é assumida como letra oficial do regime fascista, que traduz em chave de peremptoriedade classicista a lição de funcionalidade da Bauhaus. A esse quadro se contrapõe, no que diz respeito a anos mais recentes, não tanto uma gráfica de esquerda (em cujo âmbito Petrucci dá relevo à "parte perdedora" e traça um belo perfil de Albe Steiner), mas a explosão selvagem das escritas murais contestatárias (impropriamente chamadas de "grafites").

Portanto, é justo que o ensaio se encerre com essa invasão de escrita vinda "de baixo", caracterizada por uma vontade "antiestética", que é o aspecto mais vistoso da tomada da palavra por parte dos jovens e dos excluídos há mais de doze anos, partindo naturalmente das famosas inscrições do maio parisiense e do fenômeno das "assinaturas" no metrô de Nova York (que tem características específicas e mais próximas de uma intencionalidade artística).

Os "palimpsestos" que essas escritas "selvagens" formam, sobrepondo-se a precedentes inscrições "oficiais" de todo tipo — tomadas como simples superfície de suporte — ou enroscando-se entre si por sucessivas intervenções de militantes de grupos opostos, aqui se tornam precocemente objeto de estudo com método quase paleográfico. Mas a objetividade técnica do estudioso não vela a atitude empática que Petrucci demonstra por essa selva gráfica em que ele reconhece uma "vontade de afirmação da escrita como elemento significante e como produto criativo no espaço urbano". O que não o impede de também registrar a degradação dessas iniciativas, testemunhada por inscrições carentes de qualquer espírito, ou expressão de uma informe e gasta arrogância que hoje ocupa com tanta frequência as superfícies murais das cidades italianas. O percurso histórico conclui significativamente sobre a visão desolada do Foro Itálico, onde as escritas da retórica epigráfica fascista se misturam ao violento alarido gráfico dos fanáticos torcedores de futebol.

Chegado a este ponto, agora que cumpri minha tarefa informativa resumindo o conteúdo do ensaio em toda a sua riqueza e sutileza, é hora que eu manifeste a objeção que mantive entalada na garganta desde o início. Desde a primeira página, em que evoca a cidade romana toda recoberta de inscrições tanto oficiais quanto privadas, até as últimas, nas quais celebra a guerrilha sessentoitista dos grafites, Petrucci persegue um ideal de "cidade escrita", de lugar saturado de imagens articuladas em sinais alfabéticos, que vive e se comunica por meio do sedimento de palavras expostas aos olhares. Ora, é justamente desse ideal que eu não compartilho. A palavra nos muros é uma palavra imposta pela vontade de alguém, situe-se ele no alto ou embaixo, imposta ao olhar de todos os outros que não podem deixar de vê-la ou receptá-la. A cidade é sempre transmissão de mensagens, é sempre discurso, mas uma coisa é você poder interpretá-lo, traduzi-lo em pensamentos e em palavras, e outra é se essas palavras lhe são impostas sem possibilidade de escape. Seja ela epígrafe de celebração da autoridade ou insulto dessacralizante, sempre se trata de palavras que tombam em sua cabeça sem que você tenha escolhido: e isso é agressão, é arbítrio, é violência.

(O mesmo certamente vale para a escrita publicitária, mas ali a mensagem é menos intimidativa e condicionante — nunca acreditei muito nos "persuasores ocultos" —, temos mais defesas, e de qualquer modo é neutralizada pelas mil mensagens concorrentes e equivalentes.)

A palavra escrita não é imposição quando lhe chega por um livro ou jornal, porque para ser recebida pressupõe um ato prévio de disponibilidade sua, um consenso à escuta expresso na aquisição ou no simples ato de abrir aquele livro ou jornal. Mas, se ela lhe chega vinda de um muro, sem que haja a possibilidade de evitá-la, trata-se em todo caso de uma prepotência.

É previsível que quem hoje sente a necessidade de afirmar suas inculcadas razões escrevendo-as nos muros com jatos de spray, no dia em que tiver poder continuará tendo a necessidade dos muros para justificar-se, seja em epígrafes de mármore ou bronze ou — segundo os usos do momento — em faixas enormes de propaganda ou outros instrumentos de embotamento dos crânios.

Este meu raciocínio não vale para as escritas de protesto sob regimes de opressão, porque ali é a ausência da palavra livre o elemento dominante, inclusive no aspecto visual da cidade, e o pichador clandestino preenche esse silêncio arriscando-se por inteiro, e até o ato de lê-lo implica certo risco e impõe uma escolha moral. E do mesmo modo eu abriria exceções à minha questão de princípio nos casos em que a escrita é espirituosa, como frequentemente pudemos ler nestes anos, em Paris ou na Itália, ou quando ela suscita uma reflexão iluminadora ou uma sugestão poética ou representa algo de original como forma gráfica: porque captar seu valor, seja ele reflexivo ou humorístico ou poético ou estético-visual, implica uma operação não passiva, uma interpretação ou decifração, enfim, uma colaboração do receptor que se apropria dela por meio de algum trabalho mental, mesmo que instantâneo. Entretanto, onde a escrita é uma afirmação nua e crua ou uma negação que demanda do leitor apenas um ato de consenso ou de recusa, o impacto da coerção a ler é mais forte que as potencialidades postas em movimento pela operação com que cada vez conseguimos restabelecer nossa liberdade interior diante da agressão verbal. Tudo se perde no estrondo do bombardeio neuroideológico a que estão submetidos dia e noite nossos cérebros.

Por isso não me agrada tomar como modelo as cidades do Império romano, onde todas as mensagens epigráficas e arquitetônicas oficiais eram de imposição da autoridade imperial e da religião de Estado. Se hoje a epigrafia romana nos atrai é porque suas mensagens demandam de nossa parte uma decifração que em alguma medida é um diálogo, uma participação livre: sua força intimidadora se extinguiu. Do mesmo modo, parece-nos cheia de fascínio a função da escrita árabe na arquitetura e em todo o mundo visual do Islã: percebemos a presença da palavra escrita envolvendo os ambientes numa atmosfera de calma pensativa, mas nos salvamos do poder de injunção da palavra porque não a lemos ou, se sabemos lê-la, porque ela nos parece distante, encerrada em suas fórmulas. (O mesmo se diga dos caligramas do Extremo Oriente.) É a presença da escrita, as potencialidades de seu uso variado e contínuo, que a cidade deve transmitir, e não a prevaricação de suas manifestações efetivas; este talvez seja o ponto em que a tese de Petrucci e meus argumentos se tocam: a cidade ideal é aquela sobre a qual paira um pulvísculo de escrita que não se sedimenta nem se calcifica.

Mas os pobres muros das cidades italianas já não se tornaram igualmente uma estratificação de arabescos, ideogramas e hieróglifos sobrepostos, a ponto de não transmitirem outra mensagem além da insatisfação de cada palavra e o lamento pelas energias desperdiçadas? Contudo, mesmo sobre eles quem sabe a escrita reencontre o lugar que é insubstituivelmente seu, quando renuncia a fazer-se instrumento de arrogância e de prepotência: um rumor ao qual é preciso apurar o ouvido com atenção e paciência, até poder distinguir o som raro e sussurrado de uma palavra que ao menos por um momento é verdadeira.

[1980]

16. A CIDADE PENSADA: A MEDIDA DOS ESPAÇOS

Em torno do ano 1000 a Europa conhece um desenvolvimento urbano como não o experimentara desde a Antiguidade. A cidade medieval que ganhou forma nos quatro séculos precedentes apresenta profundas diferenças em relação à antiga, da qual muitas vezes herdou o local, o nome e até as pedras: desapareceram as estruturas ligadas à vida social do passado (templos, foro, termas, teatros, circo, estádio); a ordem geométrica baseada nos dois grandes eixos perpendiculares não é mais reconhecível, submersa em dédalos de ruas estreitas e tortuosas; as igrejas, principais pontos de referência da cidade cristã, são distribuídas irregularmente, em locais que remetem à vida dos santos, a milagres, martírios, relíquias.

É a rede de igrejas, com a hierarquia que se estabelece entre elas, que dá forma à cidade, e não o contrário: a catedral, a sede episcopal, será simultaneamente o centro religioso e social; mas a cidade terá tantos centros quantas forem as paróquias, e mais os conventos das várias ordens; os percursos das procissões determinarão a importância das diversas artérias.

A cidade medieval é dos vivos e dos mortos: os cadáveres já não são considerados impuros e expulsos para fora do perímetro das muralhas; a familiaridade com os mortos e a comunhão com a necrópole são uma das grandes transformações da civilização urbana.

As linhas retas que o plano horizontal perdeu são recuperadas pela nova dimensão vertical: delineia-se a cidade dos campanários (a partir do século VII), em que o repicar dos sinos nas alturas escande as horas e confirma à Igreja "o domínio sobre o tempo e sobre o espaço", e depois a cidade das torres que surgem ao lado do palácio municipal e das residências senhoris, tão logo se afirma (do século XIII em diante) um poder civil paralelo ao religioso.

É a função da cidade que mudou: não mais militar e administrativa como nos tempos do Império romano, mas de produção, troca e consumo. O mercado se torna o novo centro propulsor, e o poder urbano passa cada vez mais às mãos da classe típica citadina: os burgueses.

Entre as cidades europeias da época, as italianas se caracterizam por uma presença mais maciça das antiguidades romanas; pelos sinais do predomínio dos imperadores germânicos ou da resistência às suas incursões (cidadelas, fortalezas); pela presença de uma aristocracia urbana não mais enclausurada em seus castelos; pela gravitação em torno de cada cidade de um condado a ela sujeito; pela autonomia das cidades-Estado.

Estou resumindo um ensaio de Jacques Le Goff sobre "L'immaginario urbano nell'Italia medievale (sec. V-XV)", que traça — respaldado sobretudo em textos de um gênero típico daqueles séculos, as *laudes civitatum* (a mais famosa é a milanesa de Bonvesin de la Riva) — os modelos reais ou fantasiosos a partir dos quais as cidades italianas eram vistas e pensadas por seus habitantes em comparação, por exemplo, com Jerusalém — terrestre ou celestial — ou com Roma. (O ensaio abre o quinto volume dos *Annali* da *Storia d'Italia* da Einaudi, intitulado *Il paesaggio* e organizado por Cesare De Seta.)

Uma passagem de Leopardi poderia ser tomada como emblema da relação entre lugares reais e o modo de pensá-los e senti-los. (O trecho é citado por Sergio Romagnoli num outro belo ensaio do volume, dedicado à paisagem na literatura italiana de Parini a Gadda.) Nos primeiros dias de sua temporada em Roma (dezembro de 1822), Leopardi escreve à irmã Paolina dizendo que o que mais o impressionara havia sido a desproporção entre a medida do homem e as dimensões dos espaços e edifícios, que seriam apropriadas "se os homens daqui medissem cinco braças de altura e duas de largura". O que o angustia não é apenas a praça de São Pedro, que toda a população de Roma não bastaria para lotar, ou o tamanho da cúpula, que só de vê-la ao longe parece tão grande quanto os picos dos Apeninos: é o fato de que "toda a grandeza de Roma não serve senão para multiplicar as distâncias e o número de degraus que é preciso subir para encontrar alguém [...]. Mas não quero dizer que Roma me pareça desabitada, digo apenas que, se os homens tivessem necessidade de habitar tão folgadamente — como se habita nestes palácios e se caminha por estas ruas, praças, igrejas —, o globo não bastaria para conter o gênero humano".

Uma sensação que difere nitidamente não só de nossa experiência de uma época de superpopulação, mas também daquela que Fielding e Restif de la Bretonne — e dali a pouco Balzac, Dickens e Baudelaire — tiveram das capitais europeias apinhadas e tumultuosas. A visão agorafóbica de Leopardi nos insere numa dimensão de paisagens urbanas dominadas pelo vazio que bem se pode dizer uma constante mental italiana e que articula as "cidades ideais" do Renascimento àquelas metafísicas de De Chirico.

Para evocar essa sensação, Leopardi convida Paolina a pensar num tabuleiro do tamanho da praça de Recanati sobre o qual se movessem peças de xadrez de dimensão natural. Da primeira evocação de uma cidade de gigantes à de uma cidade de anões: a imaginação leopardiana oscila entre Brobdignag e Lilliput, observa Sergio Romagnoli.

Poucos dias depois, escrevendo ao irmão Carlo, Giacomo fixa seu critério da "esfera de relações" entre os homens e entre homens e coisas, as quais podem concretizar-se em ambientes pequenos, nas pequenas cidades, ao passo que se perdem nas grandes. Tocamos aqui um núcleo decisivo da poesia de

Leopardi: a relação entre um espaço restrito e confiável e um exterior desmesurado e desumano. De um lado a casa, a janela, os conhecidos rumores noturnos de Recanati, as ruas douradas e os hortos; do outro, a Natureza imensa e indiferente, tal como aparece ao islandês; de uma parte a sebe, de outra, o infinito. Contraposição em que repulsa e fascínio podem alternar-se reciprocamente: o vilarejo natal, modelo de medida humana, é também insuportável; e o naufragar no mar do vazio ilimitado pode ser doce. No que diz respeito ao tema da paisagem italiana, Sergio Romagnoli contrapõe aos temas leopardianos a idealização da pequena cidade no romantismo alemão.

Em busca de uma "Itália real" identificada na Itália menor partira não muitos anos antes um excêntrico alemão, Johann Gottfried Seume, que, desdenhando diligências, carroças e itinerários monumentais, se deslocava somente a pé (fazia trinta quilômetros por dia). Com Seume, que rompe com todas as regras, encerra-se a tradição aristocrática e humanística do *Grand Tour* pela Itália, diz Cesare De Seta, que dedica um amplo capítulo a essa experiência tão importante na história da cultura europeia.

O itinerário entre cidades italianas que o culto e rico estrangeiro (francês, inglês, alemão) devia fazer variou muitas vezes entre o final do século XVI e o final do século XVIII: há etapas que aparecem e desaparecem, outras que mudam de importância. Com base em diários de viagem, De Seta confronta e interpreta essas variações de perspectiva. Até que, depois das guerras napoleônicas, a época do *Grand Tour* termina e começa a fase do turismo, numa Europa em que as distâncias entre as nações se estreitam cada vez mais.

Entre os ensaios do volume, que ilustra a ideia da Itália como imagem, outros dois são sobre temas propícios a suscitar nossa ironia. Um é sobre os guias, Baedeker e Touring (Leonardo Di Mauro); o outro, sobre os estereótipos das várias cidades, lugares-comuns figurativos, vistas canônicas dos cartões-postais (Maria Antonietta Fusco). Mas vejo com alívio que os guias do Touring — que são uma das minhas paixões secretas e que considero das coisas mais bem feitas que a Itália unida soube fazer — tratados com o respeito e a *pietas* que merecem, mesmo em seus pontos fracos, lacunas e *poncifs*.

Quanto aos estereótipos, como o pinheiro em primeiro plano e o Vesúvio ao fundo, nossos sarcasmos são inevitáveis. Mas talvez não se deva ver nisso apenas um produto da "cultura de massa": um país começa a ser presente na memória quando a cada nome se associa uma imagem, que como tal não quer dizer nada mais que aquele nome, com um tanto de arbitrário e outro tanto de motivado ou motivável que todo nome carrega consigo. As Torres Pendentes e as Moles Antonellianas são apenas siglas icônicas sintéticas, brasões ou alegorias. O importante é que sirvam para distinguir e não para confundir e achatar, como o gondoleiro que canta "O sole mio" num filme de Lubitsch. Embora aquele enxerto incongruente de dois estereótipos tenha sem dúvida uma pertinência semântica na significação de uma Itália turística, correspondendo de resto à realidade do consumo turístico-canoro-gondoleiro tal como é praticado cotidianamente ainda hoje.

[1982]

17. A REDENÇÃO DOS OBJETOS

Um dos fios condutores da *Antologia personale* que Mario Praz construiu reunindo ensaios e capítulos de sua obra ao longo de mais de cinquenta anos (*Voce dietro la scena*, Adelphi) é a autobiografia deste estudioso de inesgotável voracidade em conhecer e comparar, deste catalogador universal das obras máximas, menores e mínimas nas quais a mão humana expressou a cor evidente da época e as pulsões ocultas da alma, deste explorador das fontes mais remotas das quais as correntes do gosto se ramificam irrigando toda a extensão da cultura do Ocidente. Assim como em seu trabalho de historiador do gosto Praz não procede segundo um desenho linear, mas por justaposições de materiais em que cada elemento remete a outras séries de elementos, do mesmo modo a autobiografia não poderá ser para ele uma narrativa ordenada numa sucessão cronológica de acontecimentos, mas um acúmulo de motivos, ocasiões e solicitações, ou melhor, o catálogo das razões que deram suporte e forma à sua vida.

Portanto aí está a vocação do anglicista, colhida aqui em suas origens, na frequentação de excêntricos ingleses que antigamente passavam temporadas na Itália e especialmente na Toscana (como Vernon Lee, escritora e discípula de Ruskin, e William Morris, curiosa figura em que se uniam o estetismo pré-rafaelita e o humanitarismo de Tolstói), na perlustração de Londres em busca dos locais descritos por Charles Lamb, cujos

■ *ITALO CALVINO*

ensaios ele havia traduzido justamente naquela época (foi Papini quem lhe encomendou esse primeiro trabalho para a famosa coleção "Cultura da alma", em 1924), nos anos em que ensinou em Liverpool, com a impaciência de espremer da *dullness* da moderna cidade industrial alguma gota do fascínio da civilização antiga, a única que o atrai.

Assim vemos a percepção das origens do decadentismo (ou melhor, do nó romantismo-decadentismo), que será o tema de seu primeiro e mais famoso livro, *A carne, a morte e o diabo na literatura romântica* (1930), ganhar impulso a partir de pesquisas anteriores e das fontes de D'Annunzio, mas também de uma viagem à Espanha e de reflexões sobre a tourada na literatura. Ao passo que a atenção ao maneirismo, que faz fronteira com essa área, tem origem em sua predileção por Tasso (Tasso que, num dos ensaios, vemos inesperadamente posto ao lado de Diderot: um dos prazeres que a leitura de Praz sempre reserva está nas aproximações imprevistas, nos curtos-circuitos das analogias temáticas e estilísticas). Depois as paixões do colecionador: o mobiliário Império, cujas primeiras aquisições foram feitas com as magras economias de quando ainda era estudante; os quadros de interior que, mesmo não sendo excelente pintura, têm tanto a dizer como história do costume e como romance; e as ceras, em que a sugestão do vivo e da aparição espectral se dá em máximo grau.

Essa relação com os objetos é um outro núcleo — o mais essencial, creio — da *Antologia personale* de Praz (assim como de outros livros dele entre os mais típicos, do *Gusto neoclassico* à *Casa della vita*). Aliás, é nessa relação que se aguça aquilo que podemos chamar de a filosofia de Praz. Dois ensaios desse volume a ilustram especialmente, "Dello stile Impero" e "Un interno". Ambos são escritos para defender o mobiliário estilo Império da acusação de ser lúgubre e sinistro; acusação documentada por um grande número de testemunhas literárias as quais Praz, não suportando, persegue e em parte se compraz em acentuar os efeitos que possam dar razão a eles, seus adversários, em parte adianta suas próprias razões, mas como quem já sabe que não serão compreendidas, que permanecerão um segredo difícil de ser comunicado: o segredo de quem conseguiu encontrar no "puro repetir-se de certos motivos decorativos [...] uma atmosfera quase mágica [...] que se configura como solene calma". "Esfinges, quimeras e outras criaturas fabulosas não encontram sua razão de ser numa quintessência da natureza, numa natureza revivida na imaginação humana e recombinada segundo uma lógica de sonho...?"

Em "Un interno" se narra uma visita de Emilio Cecchi, quando Praz ainda morava em via Giulia, no espaçoso mas escuro apartamento do Palazzo Ricci. "Entre divertido e cheio de dedos", Cecchi pergunta a Praz como ele consegue viver entre móveis tão perturbadores. E Praz por sua vez se diverte em descrever a casa cômodo por cômodo, carregando-a de penumbras fantasmáticas e tétricas; para depois revisitá-la em plena luz e exaltá-la em todas as suas cores, demonstrando que "a alma do neoclassicismo é nobre, serena e — digam o que quiserem os detratores — profundamente alegre".

Mas o ponto que eu queria ressaltar é outro: Praz se dá conta de que não é tanto ao gosto, mas principalmente à posse do mobiliário, que se dirige a objeção de Cecchi, "a quem a beleza dispendiosa repugna [...], que aprecia, na decoração da própria casa, objetos em que um máximo de expressão se une a um mínimo de valor intrínseco [...]. Coisas cuja posse não cause nenhuma vaidade, que propiciem a devoção e nada mais, mas a devoção — e neste ponto ele seria enfático — deve ser toda espiritual, desinteressada, não contaminada pelo *cru amor da posse...*".

Aqui está o ponto controverso que vê frente a frente, como num opúsculo moral ou diálogo filosófico, o asceta e o colecionador. De um lado: "A questão da posse era a heresia: pela boca de Cecchi, eu ouviria repetir-se a condenação de Tagore contra o *foolish pride in furniture*"; de outro: "Este ascetismo, como já disse, me é alheio. Não hesitaria em reafirmar diante do amigo minha deslavada confissão de materialismo, para quem a presença sensível das coisas tem grande importância".

A disputa já havia eclodido várias vezes nos ensaios precedentes da *Antologia*, tanto que quase se poderia apontá-la como seu leitmotiv; e o papel de defensor do ascetismo fora sustentado sucessivamente por Vernon Lee, apóstola do ascetismo e da renúncia à posse, ou por Rabindranath Tagore (no ensaio "Dello stile Impero"). O poeta indiano, numa palestra em Florença, "apontava entre os deploráveis vícios ocidentais *the foolish pride in furniture*, a vanglória dos proprietários de bela mobília. De fato, parece absurdo que alguém possa ostentar orgulho por uma graciosa mesinha, por uma cadeira de estilo ou por um par de candelabros: de que serve mobiliar uma *house beautiful* quando o espírito, ao dizer dos filósofos e dos poetas, pode vagar soberano até entre pobres paredes? A barrica de Diógenes deveria bastar para proteger com sua casca esses vermes humanos nascidos para formar a borboleta angélica".

E eis que Praz se apressa a engatar a marcha do raciocínio contrário: "Mas logo me surge uma dúvida. Por que a natureza dessas queridas coisas terrenas entre as quais vivemos é tal que uma não possa ser negada sem que se neguem também todas as outras? Que eu ponha a alma numa mesinha ou numa cadeira que conquista meu olhar é pecado pouco mais grave que colocá-la numa paisagem...". No entanto, a contemplação das paisagens naturais passa por ser o que há de mais espiritual: por que então a dos móveis não, já que "obedecem a uma lei de economia que é a mesma da paisagem"? São páginas dos anos 1930, e não é por acaso que um eco das teorizações da Bauhaus seja reconhecível inclusive num autor tão distante, todo voltado para as formas do passado: os móveis "são formas artificiais, mas não arbitrárias; têm uma regra de necessidade que é a mesma que governa montes e planícies; e sua beleza é proporcional à conformidade daquela regra".

Com o tom pacato de quem quer examinar a questão de todos os ângulos, mas sempre com uma veia de sarcasmo sob a qual transparece a tenacidade da paixão, Praz afirma o que ele chama de seu "materialismo", isto é, a recusa de qualquer espiritualismo ascético ("a verdade é que tenho um fraco pelos belos móveis e nenhum fraco por Rabindranath Tagore"), mas também recusa de qualquer redução do humano à natureza nua de ente biológico ou vitalista ou existencial ou psicológico ou quantitativamente econômico.

O humano é o vestígio que o homem deixa nas coisas, é a obra, seja ela obra-prima ilustre ou produto anônimo de uma época. É a disseminação contínua de obras, objetos e signos que faz a civilização, o habitat de nossa espécie, sua segunda natureza. Se essa esfera de signos que nos circunda com seu denso pulvísculo é negada, o homem não sobrevive. E mais: todo homem é homem-mais-coisas, é homem na medida em que se reconhece em um número de coisas, reconhece o humano investido em coisas, o si mesmo que tomou forma de coisas.

Aqui a filosofia que tentei deduzir desliza do universal para o particular, ou melhor, para o privado, pois dispara a lógica do colecionismo que devolve unidade e sentido de conjunto homogêneo à dispersão das coisas. E dispara o mecanismo da posse (ou pelo menos do desejo de posse), sempre latente na relação homem-objeto, relação que porém não se exaure em si porque seu fim é a identificação, o reconhecer-se no objeto. E para alcançar esse fim a posse evidentemente ajuda, porque permite a observação prolongada, a contemplação, a convivência, a simbiose. (Mas Praz, que dos objetos amados persegue os vestígios também nos livros, na incorporeidade dos textos escritos, e se torna colecionador de citações, de alusões, de referências, é a prova de quanto de imaterial nutre a concretude de sua paixão.)

A identificação homem-objeto opera nos dois sentidos, porque o objeto não tem aí um papel passivo. O colecionador, "à força de prática, consegue olhar uma loja de antiguidades do outro lado da rua e notar as peças autênticas, que *o chamam em voz alta* em meio à quinquilharia e às imitações. Que satisfação redimir um bom objeto em toda a sua pureza da contaminação de uma companhia baixa e degradante! Frequentemente escutei que, se aqueles móveis pudessem falar, seria possível ouvi-los despejando sua gratidão em nossos ouvidos. A estante escancararia suas portas envidraçadas na impaciência de acolher os dignos volumes nas prateleiras, a poltrona os estreitaria em seu abraço, a escrivaninha se estenderia para oferecer uma fresca inspiração às suas penas. Estou convencido, fantasias à parte, de que os móveis se sentem melhor fisicamente, e estava a ponto de dizer espiritualmente, quando são postos no ambiente próprio".

Passagem esta (citada do ensaio "Vecchi collezionisti") que pertence de direito à antologia ideal do Praz escritor, aliás, narrador. Acrescentaria ainda duas páginas a estas, duas aparições semelhantes no páthos: Carlos v velho e doente no convento da Estremadura, que passeia entre o tique-taque dos relógios de sua coleção, e Mazarino deposto e exilado, que circula de noite entre os quadros de sua pinacoteca, dizendo adeus a eles. A relação amorosa com as coisas tem esse fundo de melancolia: só para dar a última palavra aos defensores da ascese.

[1981]

18. A LUZ NOS OLHOS

De vez em quando me ponho a fazer uma lista dos últimos livros que li e dos que me reprometo ler (minha vida funciona à base de listas: balanços de coisas deixadas em suspenso, projetos não realizados). Nos livros dos últimos meses noto, por uma estranha coincidência, que há um tema recorrente: as cores. Li um poema persa da Idade Média, *As sete princesas*, de Nezamì, traduzido agora em italiano, em que as sete cores correspondem cada uma a um campo alegórico e moral autônomo; depois o *Em louvor da sombra*, do japonês Tanizaki, no qual se fala das "infinitas gradações do escuro"; li naturalmente as *Observações sobre as cores* (traduzidas há pouco), de Wittgenstein, para quem as cores só podem ser definidas no plano da linguagem; e este livro me levou a reler a *Teoria das cores*, de Goethe, recentemente reimpressa.

Porém, antes de todos esses livros eu tinha lido um outro que logo deu vontade de comentar, mas que mantive até agora em espera, como acontece com os livros em que as coisas interessantes são muitas, demasiadas para serem postas num artigo. Mas eis que as outras leituras vêm juntar-se a esse livro que conta, por exemplo, que Newton, descobridor da refração do espectro, estabeleceu que as cores fundamentais são sete, não porque realmente visse sete, mas porque o sete era o número-chave da harmonia do cosmo (as sete notas musicais etc.), e além disso se fiava num assistente dotado de um olho tão seletivo que conse-

■ *ITALO CALVINO*

guia distinguir uma cor isolada entre o azul e o violeta: o índigo, nome belíssimo, mas de uma cor que nunca existiu.

Enfim, não posso continuar adiando; é preciso que lhes fale deste livro de Ruggero Pierantoni: *L'occhio e l'idea: Fisiologia e storia della visione* (Boringhieri). Trata-se de uma história das teorias que buscaram entender como os olhos funcionam, o que é de fato a visão, qual é a natureza da luz, a começar pelos gregos, os árabes e, sucessivamente, até chegar à Idade Moderna, baseando-se tanto nos aspectos fisiológicos quanto nos pressupostos filosóficos de todo tipo de teoria, com as consequências que derivam para as artes, em especial a pintura. O autor — leio na contracapa — "especializou-se nos aspectos biofísicos da comunicação nos animais, trabalhando assiduamente no Max Planck Institut de Tübingen e no California Institut of Technology, e hoje é pesquisador no Instituto de Cibernética do CNR em Camogli".

Há um território de fronteira entre a teoria da visão e a problemática das artes figurativas, zona em que se situam os livros mais conhecidos de Gombrich; o livro de Pierantoni, especialmente nos últimos capítulos, segue um curso paralelo ao de Gombrich e em discussão com ele. No entanto, aqui me limitarei aos três primeiros capítulos, intitulados: "I mitti della visione"; "Lo spazio, dentro e fuori"; "La luce, dentro e fuori".

Pitágoras e Euclides acreditavam que o olho emitisse um feixe de raios que se chocava com os objetos; assim como o cego avança estendendo seu bastão, do mesmo modo o olho que vê se dá conta da realidade tocando-a com seus raios, que depois retornam ao interior do olho e o informam. Demócrito acreditava que imagens imateriais se destacassem das coisas e entrassem na pupila; já para Lucrécio eram minúsculos fragmentos de matéria, que ele chamava de átomos (e nós, de fótons). Para Platão havia raios que partiam do olho e raios que partiam do sol; encontravam-se ao se refletirem nos objetos e voltavam para o olho. Para Galeno, havia um espírito visual que tinha origem no cérebro, escoava por dentro do olho, capturava na lente a luz e as imagens transportadas por ela e as fazia voltar ao cérebro.

Herdeiros da ciência grega, os árabes partiam de Galeno, aceitavam a mediação do espírito visual, mas rejeitavam claramente a ideia dos raios projetados dos olhos para o exterior: a visão agora vem de fora, não de dentro.

Na Idade Média cristã, a crença de que o olho emitisse luz também entra em crise. É na lente (situada contra toda experiência no centro do olho, assim como a Terra no centro do cosmo) que ocorre a fusão entre o Mundo e o Eu: esta era a convicção de Dante. Os diagramas da anatomia do olho perdem qualquer conotação biológica, tornam-se uma geometria de círculos concêntricos como — diz Pierantoni — "um mundo ptolomaico de esferas armilares".

Na época de Leon Battista Alberti, os raios que partiam do olho se transformaram em linhas geométricas, abstrações euclidianas: a pirâmide perspectiva. Mas logo Leonardo desmonta essa construção abstrata: a "virtude visual" não é puntiforme, como seria se agisse no vértice da pirâmide de linhas, mas é uma propriedade do olho inteiro.

As meditações de Leonardo sobre a ótica são ora inspiradas em seu modo genial de aderir à realidade por fora de qualquer esquema, ora no esforço para fazer colimar a experiência com a tradição aprendida nos livros. É ele o primeiro a entender que o nervo óptico não pode ser um canal oco, tal como pensavam a Antiguidade e a Idade Média árabe e cristã, mas algo múltiplo e complexo, do contrário as imagens acabariam se sobrepondo e se confundindo. Em seus quadros, no entanto, é a natureza fisiológica e não conceitual da visão que ele tenta colher.

"Para Leonardo a luz nunca foi um raio abstrato movendo-se na mente e no olho do homem, mas um *mar radiante* que de algum modo interage incessantemente com a matéria. E a matéria, os objetos, os homens, os lugares, não são representáveis mediante as linhas contínuas e exatas de seus contornos, mas apenas evocados pela evanescência contínua das superfícies."

Enquanto isso, no campo da ciência oficial, Vesálio publicava suas tabelas em que a anatomia se torna uma ciência experimental baseada na dissecação de cadáveres. Mas não para o olho, que continua sendo desenhado de acordo com os tradicionais esquemas greco-árabes. As hipóteses geniais de Leonardo ficaram sepultadas em seus arquivos particulares.

Nos pintores italianos da Renascença, "a luz é tão onipresente que parece ausente, e não dá a impressão de provir de nenhum ponto do universo": é um mar em que as figuras são imersas. Já no Norte a ideia da luz é completamente diversa: "Os flamengos e os holandeses aprenderam a amar aquelas matérias em que a luz se entretém, aprisionando-se numa rede de reflexos, e de onde reemerge transformada em arco-íris. Esmaltes, cristais, aços, corais, quartzos. Disso resulta toda uma ciência que persegue e surpreende a luz nos momentos críticos de sua viagem através da matéria e no interior secreto do olho humano". Isso apesar das muitas diferenças de pintor a pintor: "Van Eyck pinta as coisas como sabe que devem ser, e Vermeer, como as percebe. Em Vermeer a luz é um fato subjetivo, privado... Nas mãos miraculosas de Van Eyck, ela é a revelação absoluta de um mundo espiritual destinada apenas ao olho da alma e emitida pelo olho de Deus".

Desde a Antiguidade e a Idade Média as metáforas que servem de modelo para o funcionamento do olho mudaram várias vezes: o bastão, a flecha, a lente, a pirâmide, depois (na época de Leonardo) a câmara escura, em seguida o "espelho do mundo", a "janela da alma". Quando em 1619 Scheiner seciona a esclera, observa dentro do olho, vê "como de uma janela" a imagem na retina "refletida como num espelho", essas duas metáforas se tornam decisivas. Os artistas passam a pintar uma janela refletida na pupila dos rostos retratados; até a lebre de Dürer, escondida no mato, tem uma janela na pupila atenta.

Quanto ao espelho, Claude Lorraine pintava de costas para a paisagem, que via refletida num espelhinho convexo, obtendo efeitos de remota vagueza. Nasce o páthos da distância, componente fundamental de nossa cultura.

A imagem chega invertida à retina. Como se endireita? Leonardo tinha aventado a hipótese de uma lente supletiva na câmara escura do olho, segundo um sistema oticamente perfeito, mas carente de fundamentos anatômicos. Foi Kepler quem contornou o obstáculo ao entender que o ajuste da imagem é uma operação intelectual, e não fisiológica. Estão maduros os tempos para que o ego cogitante e imaterial de Descartes entre em campo. Mas Descartes ainda tem necessidade de um suporte anatômico, e por isso escolhe a glândula pineal, enterrada no fundo do cérebro, uma fortaleza bem defendida (a imagem é de Pierantoni), que garante a unidade da visão e do sujeito.

Mas então por que deveríamos ter dois olhos, se a visão é una (e uno é o mundo)? A descoberta do quiasma (ponto de encontro dos dois nervos óticos) e, paulatinamente, de sua função e funcionamento absorve a filosofia.

Uma pergunta atravessa toda a história que acabamos de percorrer: onde se forma a visão? No olho ou no cérebro? E, se for no cérebro, em qual de suas zonas? Quando nos fazemos essas perguntas, é natural imaginarmos que o homem leve oculto dentro da própria cabeça um homúnculo que perscruta a imagem que chega, primeiro postando-se atrás da lente, depois contemplando a retina e finalmente se instalando no cérebro. É preciso fazer um grande esforço para imaginar como o homem funciona evitando o antropomorfismo.

A questão é em que momento do processo a luz se torna imagem. Diz Berkeley: "O que mais contribui a incorrer em erro é que aquilo em que pensamos é a imagem que se forma no fundo do olho. Então imaginamos que estamos olhando o fundo do olho de outro homem. Ou que um outro homem esteja olhando para a imagem que se formou no fundo do nosso olho".

A alternativa olho-cérebro continua até o microscópio demonstrar que a retina e o córtex visual têm a mesma constituição: abre-se assim o caminho que possibilitará entender que a retina é uma porção periférica do córtex cerebral. Ou seja, o cérebro começa no olho. (Esta última frase é minha, e esperamos que esteja correta.)

O capítulo culminante do livro de Pierantoni é aquele dedicado à descoberta de Camillo Golgi: eu não o resumo para não reduzir seus efeitos — tanto poéticos quanto dramáticos —, que são realmente notáveis.

Finalmente se chega à retina tal como a conhecemos hoje (a descrição é muito clara, mas não teria sido supérfluo acrescentar uma ilustração que nos permitisse acompanhar graficamente todas as relações "horizontais" e "verticais"), e o quadro geral da visão que daí emerge faz saltar pelos ares todos os modelos sucessivos que se fizeram dele.

Em cada modelo Pierantoni discerne certas constantes "míticas", e o fio condutor de seu livro é justamente o desvelamento desses "mitos" que alimentam nossa consciência e impedem que se compreenda a realidade dos processos naturais, mesmo quando já se dispõe de todos os dados necessários. O último desses modelos míticos, segundo Pierantoni, é o calculador eletrônico.

Tal abordagem "mitológica" da história da ciência e da cultura me parece a mais acertada e necessária: minha única reserva se refere à atitude de "polêmica contra os mitos" implícita no livro. O conhecimento sempre avança por meio de modelos, analogias, imagens simbólicas que até certo ponto servem para compreender e depois são postos de lado para que se possa recorrer a outros modelos, outras imagens, outros mitos. Há sempre um momento em que um mito que funciona verdadeiramente exerce uma plena força cognoscitiva.

A coisa extraordinária é ver como à distância de séculos uma concepção descartada como mítica se reapresenta como fecunda num novo nível do conhecimento, assumindo um novo significado num novo contexto. Não seria o caso de concluir que a mente humana — na ciência como na poesia, na filosofia como na política e no direito — só funciona à base de mitos, e a única alternativa está em adotar um código mítico em vez de outro? Um conhecimento fora de qualquer código não existe: só é preciso estarmos atentos em distinguir os mitos que se degradam e se tornam obstáculos ao conhecimento, ou, pior ainda, perigos para a convivência humana.

Usando "miticamente" a imagem da estrutura biofísica da retina, a mente humana me parece como um tecido de "mitorreceptores" que transmitem reciprocamente suas inibições e excitações, à semelhança dos fotorreceptores que condicionam nossa visão e fazem que, olhando as estrelas, as vejamos radiadas quando, "na realidade", deveriam parecer puntiformes...

[1982]

Parte 3

RELATOS DO FANTÁSTICO

19. AS AVENTURAS DE TRÊS RELOJOEIROS E DE TRÊS AUTÔMATOS

Muitas vezes a dedicação que os homens investem em atividades que parecem absolutamente gratuitas, sem outro fim que não o divertimento ou a satisfação de resolver um problema difícil, se revela essencial num âmbito que ninguém tinha previsto, com consequências que levam longe. Isso é verdade em poesia e arte, assim como é verdade para a ciência e a tecnologia. O jogo sempre foi o grande motor da cultura.

A construção de autômatos no século XVIII antecede a Revolução Industrial, que usufruirá de soluções mecânicas inventadas por aqueles complicados brinquedos. Mas é preciso dizer que a construção de autômatos não foi simplesmente uma brincadeira, embora se apresentasse como tal: era uma obsessão, um sonho demiúrgico, um desafio filosófico na equiparação do homem à máquina. A fortuna do autômato como tema literário, de Puchkin a Poe a Villiers de l'Isle-Adam, confirma a força dessa fascinação, seus componentes tanto hiper-racionais quanto inconscientes.

Todas essas reflexões foram inspiradas por um insólito volume iconográfico publicado por F. M. Ricci sobre os "Androides" de Neuchâtel (*Androidi, le meraviglie meccaniche dei celebri Jaquet-Droz*, com textos de Roland Carrera e Dominique Loiseau, Franco Maria Ricci Editor). No século XVIII, Neuchâtel era a capital da relojoaria, não só como artesanato, mas também como ciência (basta ver os seis volumes dos *Essais sur l'horlogerie*, de

Ferdinand Berthoud). Recentemente o museu de Neuchâtel fez um minucioso trabalho de restauração mecânica e deu nova vida a três famosos autômatos, o "escrivão", o "desenhista" e a "musicista", construídos há mais de duzentos anos por mestres daquela tradição, os Jaquet-Droz, pai e filho, e J.-F. Leschot.

O volume de Ricci documenta detalhadamente em suas ilustrações coloridas o aspecto exterior e o mecanismo interno dos três "Androides"; as ilustrações em preto e branco mostram seus trabalhos gráficos e as partituras das músicas executadas no cravo, ao passo que os textos narram a história dos construtores e de suas criaturas, as características técnicas e as últimas obras de restauro. (Além disso, o estojo também traz um disco com o repertório da "musicista", antes e depois da restauração.)

Mas como é que um livro tão técnico e factual é capaz de transmitir tanto estranhamento? O fato é que os três "Androides" nada fazem para atenuar seu aspecto de bonecos ou para ocultar sua substância maquinal. Talvez seja preciso reler as páginas de Baudelaire sobre os brinquedos e as de Kleist sobre as marionetes para compreender as razões desse fascínio duradouro. De resto, o século XVIII gracioso e galante das rendas nos pulsos e nos coletes e o século XVIII frio e analítico das tabelas da Enciclopédia aqui estão simultaneamente presentes e enfatizados ao extremo; e a palavra "androide" funde essas influências numa aura de ficção científica *avant la lettre*, como numa espécie vivente intermediária entre o homem e a máquina, ou um povo de possíveis invasores, nos quais terminaríamos por reconhecer nossos duplos.

O "escrivão" ou "escritor" é o que tem o rosto menos inteligente, mas o mecanismo mais complicado: o pulso se move em três direções, a pena de ganso traça as letras com os cheios e os vazios da regra caligráfica, mergulha no tinteiro, muda de linha como uma máquina de escrever, e um dispositivo a bloqueia quando chega ao ponto final. Um sistema de jogos de engrenagens lhe permite traçar as letras maiúsculas e minúsculas do alfabeto e compor frases fixadas no programa.

As performances do "desenhista" aparentemente causam mais efeito, mas o mecanismo é muito menos complicado que o do "escritor". Seu repertório é de quatro desenhos, todos estabelecidos na época da construção, e inclui um cachorrinho e o perfil do rei Luís xv. Diz a lenda que, durante uma exibição diante de Luís xvi e Maria Antonieta, o operador, comovido, após ter anunciado o retrato do rei que morrera havia pouco, errou ao programar os movimentos: sob o lápis do autômato surgiu o cachorrinho, "o que provocou um certo mal-estar".

Ao passo que os rostos dos dois virtuoses da gráfica se assemelham a dois bonecos infantis, a tocadora de cravo é uma boneca-mulher com uma expressão de mistério capaz de inspirar devaneios perversos como aqueles narrados por Tommaso Landolfi ou por Felisberto Hernandez. O autor do comentário explica que ela é "a única boneca no mundo que respira, participando assim da nossa vida e aparentemente haurindo a fonte da própria existência do mesmo ar de que depende a nossa" e se pergunta se ela não deveria "oferecer-se por meio de sua música tênue a um apaixonado perdido em delícias irreais, ou até reavivar em Pierre Jaquet-Droz a recordação imortal da jovem esposa perdida para sempre...".

A história de Pierre Jaquet-Droz (1722-90) é uma bela vida setecentista, com todos os ingredientes. Para dedicar-se à relojoaria, abandona os estudos de teologia. Sua arte se aperfeiçoa nas frequentes temporadas em Paris (onde, desde a geração anterior, alguns mestres de Neuchâtel já se haviam estabelecido como relojoeiros da corte) e adquire fundamento na Universidade de Basileia, pelo convívio com Johann Bernoulli e outros membros daquela célebre família de matemáticos.

Das montanhas do Jura a fama de Jaquet-Droz se espalha rapidamente pela Europa. Naquela época, mesmo aderindo à confederação suíça, Neuchâtel era um principado submetido ao rei da Prússia, e as relações com as cortes estrangeiras eram mais estreitas que em outros locais. Com uma carroça carregada de pêndulos, Jaquet-Droz logo chega a Madri e alcança na corte espanhola a consagração de sua mestria.

Depois de voltar a seu país, funda com o filho Henri-Louis (1752-91) e o filho adotivo Jean-Frédéric Leschot (1746-1824) um laboratório em La-Chaux-des-Fonds. Ele agora é o chefe de uma empresa consolidada, e é aí, no ápice de sua fortuna, que decide construir os "Androides". De quem terá sido o impulso decisivo? Dos Bernoulli? De um doutor do lugar, que as crônicas descrevem como meio inventor, meio naturalista, meio mago? De Leschot, cujo retrato revela uma face de gnomo sapiente (ao passo que os de Jaquet-Droz, pai e filho, são bastante inexpressivos)?

Seja como for, depois de 1773-4, data da construção dos autômatos, a vida dos três relojoeiros muda; eles passam a viver principalmente em função de suas criaturas, exibindo-as a visitantes ilustres e levando-as em turnês pelas capitais europeias. Enquanto isso a empresa se alarga; eles fundam uma filial em Londres para exportar para a China e a Índia relógios preciosos, carrilhões, pássaros canoros e outras maravilhas mecânicas.

Entretanto, começam a surgir algumas confusões: quando se fala de "os Droz", trata-se dos três relojoeiros ou dos três autômatos? A essa altura, os "três Droz" são estes últimos: assim os vemos referidos numa gravura da época; os três bonecos mecânicos assumiram nomes e sobrenomes de membros da família. Não sei a data exata da gravura: estamos antes ou depois da queda da Bastilha? Seria possível dizer que os autômatos, rebelando-se, reivindicaram a própria autonomia e usurparam a identidade de seus inventores.

Foi por isso que a grande empresa Jaquet-Droz entrou em crise e abriu falência rapidamente? Sem dúvida a Revolução Francesa deu um duro golpe no mercado dos artigos de luxo e as guerras napoleônicas atormentaram as exportações; mas parece que a crise foi anterior, uma crise que atingiu toda a relojoaria suíça.

O fato é que em 1789 os "Androides" já não figuram nos

inventários da sociedade. Passam de mão em mão, sempre exibidos ao público como atração espetacular. (Ou foram eles que, depois de terem proclamado os "direitos universais do autômato", se deslocaram livremente pela Europa?) Em suas turnês, terminaram numa Saragoza assediada pelas tropas napoleônicas, onde foram capturados e em seguida conduzidos para a França no butim de guerra. Mais tarde retomaram as peregrinações e exibições internacionais, que duraram todo o século passado.

Prova singular de fidelidade: durante o século inteiro, os cidadãos de Neuchâtel jamais se esqueceram da existência de seus três filhos perdidos pelo mundo; de vez em quando saíam em diários locais apelos para reencontrá-los e recuperá-los. Coisa que aconteceu em 1905, mediante um grande abaixo-assinado. (Ou foram eles, os autômatos, que quiseram regressar à pátria? Tinham empreendido suas peregrinações nas pegadas dos grandes aventureiros daquele século, otimistas imperturbáveis como Cagliostro, Casanova, Cândido. Mas na alvorada do século xx perceberam a tempo que o mundo estava prestes a se tornar impraticável para quem era movido por mecanismos vitais tão simples e transparentes. Convinha recordar que eram cidadãos suíços, antes que fosse tarde demais.) No programa do "escrivão" foi inserida a seguinte frase, que ele ainda traça com sua grafia setecentista: "Nunca mais deixaremos nosso país".

[1980]

20. A GEOGRAFIA DAS FADAS

O primeiro atributo é a leveza. De baixa estatura, com corpos "de natureza análoga à de uma nuvem condensada" ou "de um ar coagulado", enfim, de uma matéria tão fina e tênue que, para se nutrirem, basta um líquido qualquer que penetre por seus poros como nas esponjas ou migalhas de grãos que eles disputam com gralhas e ratos. Vivem debaixo da terra, em montinhos perpassados por minúsculos túneis e fendas, mas às vezes são atraídos para o alto, voando a meia altura. A aparência deles, e talvez sua própria presença, é descontínua: somente quem é dotado de uma segunda visão pode percebê-los, e sempre por breves instantes, porque aparecem e desaparecem. Suas moradas subterrâneas são iluminadas por lâmpadas perpétuas, que brilham sem nenhum combustível; há quem afirme que de suas figuras emanaria uma luz esverdeada. Têm vidas muito mais longas que as humanas, mas também são mortais: num certo momento, sem que adoeçam ou passem por sofrimentos, se rarefazem e somem...

O trabalho não lhes é estranho, se for verdade que nas vizinhanças de suas moradas se ouve o bater de martelos e se sente "o pão cozinhando". Suas mulheres tecem e costuram, uns dizem "teias estranhas", outros, "arcos-íris impalpáveis", outros, roupas semelhantes às nossas. Mas também em nossas cozinhas, às vezes, enquanto dormimos, são eles que arrumam solícitos nossos pratos e põem tudo em ordem. As relações com os seres humanos consistem nesses pequenos serviços, mas também em pirraças e pequenos furtos ou em arremesso de pedras, e até das grandes, que porém não fazem mal. Mais grave é o rapto de crianças ou de amas de leite (são gulosos por leite), que ficam um certo tempo com eles debaixo da terra, enquanto aqui em cima são substituídas por um duplo ou uma aparição espectral.

Têm também relações sexuais com os humanos, especialmente suas fêmeas, porém mais no plano de um jogo lascivo e lábil, como nos sonhos, sem paixão nem drama. Não são imunes a guerras e crueldades, mas tudo fica entre eles e pouco se sabe sobre isso. Falam as línguas humanas dos lugares onde vivem, mas "como num assovio sutil". "Dir-se-ia que têm muitos livros de fábulas, divertidas, mas o efeito de tais leituras se manifesta apenas por acessos de alegria bizarra." Têm momentos de euforia e de inquietude, mas seu humor mais frequente é a melancolia, talvez devida à sua natureza suspensa.

Este é o "pequeno povo" dos Siths, ao qual é dedicado um livro saído pela Adelphi (Robert Kirk, *Il regno segreto*, organizado por Mario M. Rossi, cujo ensaio "Il cappellano delle fate" completa o volume). *Siths* é o nome que se dava na Escócia àqueles que na Inglaterra são chamados de *fairies* (o termo correspondente em italiano não existe, porque entre nós "as fadas" são exclusivamente femininas, ao passo que *fairy* é tanto feminino quanto masculino) e no mundo germânico de *elfos* ou, com algumas diferenças específicas, *kobold* ou *gobelins*, e todas as variedades de anões e de gnomos (muitas vezes associados a minas e a tesouros ocultos), inclusive os *hobbits* de Tolkien.

O mundo sobrenatural dos povos celtas é fervilhante, intrincado, multiforme, difícil de ser ordenado. Ou quem sabe somos nós que percebemos mais ordenado o mundo mediterrâneo de faunos, ninfas, dríades e hamadríades só porque as exuberantes mitologias locais foram peneiradas pela sistematicidade hierárquica e sancionadora das culturas grega e latina. O poder de transfiguração poética do imaginário nos deu Titânia e Oberon e Puck, assim como o poema de Spenser. Mas por meio da palavra dos poetas o reino das fadas também transmite a força virgem de um mundo irredutivelmente "outro", que a literatura não consegue domar até o fundo.

Na França céltica (sobretudo Bretanha e Normandia) o "pequeno povo" também tem antigas raízes; e na literatura deixou rastros nos contos fantásticos de Nodier e num romance de Barbey d'Aurevilly, *A enfeitiçada*, onde o emergir de aparições mágico-telúricas no mundo moderno se dá de modo extremamente inquietante. Mas foi nos verdes prados da Irlanda e nas planícies da Escócia que essa estirpe impalpável alcançou a máxima densidade populacional. Se não um recenseamento, ao menos uma classificação por espécies e famílias foi tentada por Walter Scott em relação à Escócia (em *Demonology and witchcraft*) e por W. B. Yeats na Irlanda (em *Irish folktales*): dois engenhos que tratavam o culto das tradições com mentalidade sistemática.

Diferente é o caso de Robert Kirk, que, no final do século XVII, se via na condição de pároco de uma igreja presbiteriana no vilarejo de Aberfoyle, nos confins das Highlands, numa Escócia recentemente submetida à coroa inglesa, devastadas pelas guerras civis e religiosas, em meio a uma situação de turbamento existencial daquelas populações misérrimas, de crise de identidade cultural e religiosa. Estamos em lugares e tempos em que a sobrevivência das antigas crenças era fortíssima, a própria topografia estava embebida da presença das fadas, a "segunda visão" era uma experiência comum; mas também lugares e tempos em que o anglicanismo e o presbiterianismo combatiam suas batalhas com implicações tanto teológicas quanto políticas.

O século XVII é a época dos processos contra as bruxas e dos inquisidores (quer católicos, quer protestantes), que não veem nas formas de sobrevivência do sobrenatural pré-cristão nada além da presença uniforme de Satanás, a ser extirpada com a fogueira. O reverendo Kirk tem a força de uma profunda inocência interior, que lhe dá a certeza de saber reconhecer a inocência do próximo. Sabe que os paroquianos que acreditam nas fadas e que as veem não são bruxas ou bruxos; tem afeto pelos pobres interioranos escoceses, conhece suas alucinações e a precariedade de suas existências; é afeiçoado às fadas, que também são um pobre povo, talvez a ponto de dissolver-se, sem um *ubi consistam* físico ou metafísico; e decerto ele mesmo acredita nas fadas, e provavelmente as veja, embora se limite a registrar testemunhos alheios.

Com a coragem da inocência, ele escreve um breve tratado sobre o reino dos *fairies, The secret commonwealth*, para dizer tudo o que sabe sobre o assunto, o que não é muito, mas sobretudo para afastar qualquer suspeita de pacto diabólico entre as pequenas fadas subterrâneas e quem as vê. (Aqui, ao problema da existência das fadas se sobrepõe o da segunda visão, da telepatia, das premonições, fenômenos não necessariamente — aliás, raramente — associados à mediação de seres sobrenaturais.) As citações das Sagradas Escrituras às quais Kirk recorre para legitimar seu raciocínio são aproximativas e nunca de todo pertinentes, mas sua intenção é clara. Ele pretende sustentar que o "pequeno povo" não tem nada a ver nem com o cristianismo nem com o diabo: seu estatuto jurídico seria o de Adão antes da queda, ou seja, nem eleito nem condenado; um limbo neutral e não passível de julgamento envolve seus pecados, sempre leves e quase infantis, bem como sua melancolia.

O volume agora publicado pela Adelphi contém o breve tratado de Kirk, descoberto, traduzido e acompanhado de um longo ensaio de Mario Manlio Rossi, que com erudição e paixão o situa na cultura de seu tempo e explica exaustivamente como Kirk de fato acreditava na existência das fadas e como não havia nada de estranho nisso. Portanto, os motivos de interesse pelo livro são três: as fadas em si, a personalidade do "capelão das fadas" e a personalidade de seu descobridor e exegeta.

Mario Manlio Rossi (1895-1971), anglicista italiano que viveu por muitos anos em Edimburgo, é um tipo de estudioso reservado e sempre a contrapelo. Pouco sei a respeito dele, mas

143

lhe sou grato pois foi por meio de um livro seu que compreendi, ainda jovem, a grandeza de Swift. Aqui Rossi afirma convincentemente que os processos por bruxaria não eram absolutamente um resíduo medieval, mas um típico produto da cultura moderna. Seu ensaio é fascinante pela riqueza do quadro de história da cultura que ele evoca e documenta, mas também se deixa ler pelos humores e maus humores polêmicos que emergem a cada página, prova de um temperamento intratável em que se combinam o escrúpulo erudito e os *partis pris*. Os alvos de sua polêmica são vários: a intolerância tanto presbiteriana quanto anglicana, a caça às bruxas e as opiniões de todos os historiadores que trataram do assunto, as fábulas infantis que censuram o elemento sexual sempre presente nas narrações populares, e ainda o empirismo, o idealismo, o ocultismo, o folclore e principalmente a ciência, que é sua besta-fera. Salva (e aqui não tenho dúvidas em concordar com ele) a poesia, em que "o homem em carne e osso e a fada têm uma única e idêntica posição gnosiológica, a mesma realidade".

Enquanto eu lia, o nome do vilarejo de Kirk continuava zumbindo em minha cabeça: Aberfoyle. Por que me soa familiar? Claro, é ali que se passa meu romance preferido de Júlio Verne: *As Índias negras*, uma história toda subterrânea, numa velha mina de carvão abandonada, onde se escondem seres que parecem saídos das páginas do reverendo Kirk: uma menina-fada que nunca viu a luz do sol, um ancião que parece um espectro, um pássaro dos abismos... Aí está o mundo visionário céltico que se infiltra na apologia da ciência do positivista Verne, demonstrando, em polêmica com Mario Manlio Rossi, que a mesma linfa mitológica escorre e se mistura no inextricável emaranhado das ideologias aparentemente contrapostas... Como se demonstrasse que as fadas conhecem, debaixo da terra ou no céu, mais caminhos do que supõe qualquer de nossas vãs filosofias...

[1980]

21. O ARQUIPÉLAGO DOS LUGARES IMAGINÁRIOS

Em Frívola, ilha do Pacífico, a vida é fácil e frustrante: as árvores são elásticas como se fossem de goma e seus galhos se inclinam para oferecer frutas que derretem na boca como espuma; os habitantes criam cavalos frágeis e inúteis, que se dobram sob o peso mais leve; para arar os campos, basta que as mulheres assoprem para que se abram sulcos na terra fina e, para semear, os homens se limitam a espargir as sementes ao vento; nas florestas as feras têm presas e garras macias, e seu rugido é como um roçar de seda; a moeda local é a *agatina*, de baixa cotação no mercado cambial.

As ilhas dos Diamantes têm a propriedade de engolir os viajantes imprevidentes, capturados pelos diamantes carnívoros. Para apossar-se das gemas, astutos mercadores espalham sobre elas pedaços sangrentos de carne suína, que os diamantes começam a sorver imediatamente; à noite os abutres descem, pegam a carne com as garras e a transportam para seus ninhos, com as pedras grudadas nela. Os mercadores sobem até os ninhos, espantam os abutres, separam os diamantes da carne e depois os vendem a joalheiros ingênuos. E assim ocorre que um anel devore um dedo, ou um colar, um pescoço.

Capilária, região submarina, é habitada exclusivamente por mulheres autorreprodutivas, chamadas de Ohias, belas e majestosas, com dois metros de altura, traços angélicos, corpos macios, longas cabeleiras louras e cheias como nuvens. A pele das

Ohias é sedosa, translúcida como o alabastro: em transparência, deixa entrever os ossos do esqueleto, os pulmões azuis, o coração rosa, o calmo pulsar das veias. Os homens são desconhecidos, ou melhor, sobrevivem como parasitas externos, chamados de Bullpops, formados por um corpo cilíndrico de uns quinze centímetros, cabeça calva e protuberante, rosto humano, braços e mãos filiformes, mas pernas dotadas de grandes dedões, barbatanas e até asas. Os inermes Bullpops nadam verticalmente como cavalos-marinhos, e as Ohias os devoram, pois são gulosas de sua medula, à qual chegam a atribuir dotes que de algum modo estimulariam a reprodução.

Na ilha de Odes as ruas são seres vivos e se movem livremente por vontade própria. Para viajar pela ilha os visitantes só precisam saber de antemão aonde elas estão indo, arranjar um lugar na estrada e deixar-se transportar. As mais famosas estradas do mundo vêm a Odes em férias turísticas.

London-on-Thames, que não se deve confundir com a mais famosa homônima, é uma cidade escavada no topo de uma rocha, habitada por uma tribo de gorilas, cujo chefe se acha a reencarnação de Henrique VIII e tem cinco mulheres chamadas Catarina de Aragão, Ana Bolena e assim por diante. A sexta esposa é uma mulher branca, capturada pelos gorilas, que permanece no posto até ser substituída por outra.

Na ilha de Dioniso cresce um vinhedo cujas parreiras são mulheres da cintura para cima; de seus dedos pendem folhas e cachos, e seus cabelos são parras; ai do viajante que se deixe abraçar por essas criaturas: imediatamente se embriaga, esquece pátria, família, honra, lança raízes e também se torna videira.

Malacóvia é uma cidade fortaleza toda em ferro, construída na foz do Danúbio: tem forma de ovo e é toda cheia de tártaros ciclistas que, pedalando, fazem descer e subir o ovo de ferro, escondendo-o nos pântanos; a cidade vive à espera do momento em que as hordas de tártaros ciclistas se lançarão para invadir o império dos czares.

As fontes dessas informações geográficas são, na ordem: Abbé François Coyer, *The Frivolous island*, London, 1750; *As mil e uma noites*; Frigyes Karinthy, *Capillaria*, Budapeste, 1921; Rabelais, *O quinto livro*; Edgar Rice Burroughs, *Tarzan e o homem leão*, Nova York, 1934; Luciano de Samósata, *Uma história verdadeira*; Amedeo Tosetti, *Pedali sul mar Nero*, Milão, 1884.

Pelo menos é assim que estão indicadas (declino de qualquer responsabilidade a respeito) no livro do qual as retirei: *Dicionário de lugares imaginários*, de Alberto Manguel e Gianni Guadalupi. É um volumão que se apresenta como um dicionário geográfico, com verbetes em ordem alfabética (de Abaton, cidade de posição variável, a Zuy, centro comercial dos elfos), incluindo mapas e gravuras que imitam os de uma velha enciclopédia.

Um livro publicado no Canadá e fruto da colaboração de um argentino e um italiano tem todos os predicados para representar o não pertencimento geográfico. Na Biblioteca do Supérfluo, que eu gostaria de ver sempre ocupando um lugar em nossas prateleiras, parece-me que um "Dicionário de lugares imaginários" é obra de consulta indispensável.

A cada cidade ou ilha ou região é dedicado um verbete como numa enciclopédia, e cada verbete se inicia com dados sobre a posição geográfica, a população e se possível os recursos econômicos, o clima, a fauna e a flora. A regra que fundamenta o dicionário é a de apresentar cada localidade como se realmente existisse. Os dados são extraídos das fontes, citadas ao final de cada verbete: assim, para a Atlântida, são listados o *Crítias* e o *Timeu* de Platão, o romance de Pierre Benoît e também um Conan Doyle menos conhecido.

Outra regra é a exclusão dos nomes imaginários usados por romancistas para representar lugares reais ou de algum modo verossímeis: portanto não constam a Balbec de Proust nem a Yoknapatawpha de Faulkner. E, posto que a geografia implica o presente com seu passado, mas não o futuro, toda a ficção científica futurista — seja extraterrestre, política ou sociológica — fica de fora.

147

■ *ITALO CALVINO*

Não é um livro que cative imediatamente o leitor, ao contrário, a primeira impressão ao folheá-lo é que a geografia imaginária seja bem menos atraente que a real: um cinzento metódico se estende sobre as cidades utópicas, da Bensalém de Francis Bacon à Icária de Cabet, assim como sobre inumeráveis viagens satírico-filosóficas do século XVIII, para não falar das edificantes etapas alegórico-religiosas de *O peregrino* de Bunyan. E um sentimento de saturação, se não de falta de ar, emana das excessivas topografias de *O mágico de Oz*, de Tolkien ou de C. S. Lewis.

Mas enveredando por verbetes específicos não demoramos a topar com mundos regidos por uma lógica fantástica e sugestiva, dos quais tentei expor alguns exemplos; contudo não citei (porque já é bem conhecida nossa devido a Masolino d'Amico e a Manganelli) a invenção que continua sendo a mais elegante e engenhosa: a geométrica Planolândia de Abbott.

É principalmente a narrativa menor que revela recursos mitopoéticos sem fim: atlas inteiros de paragens visionárias saem da pena de hábeis profissionais da literatura de entretenimento. O autor mais citado no dicionário é Edgar Rice Burroughs, não só pelo ciclo de Tarzan, mas também por uma grande quantidade de livros que descrevem países da fantasia. Dos romances que foram considerados de consumo e cujos autores não são lembrados nas histórias literárias, tornaram-se mitos cinematográficos a Shangri-La de *Horizonte perdido*, a Ruritânia de *O prisioneiro de Zenda* e a ilha do Conde Zaroff, com suas trágicas caçadas. O dicionário também recolhe países que nasceram diretamente nas telas, como a Freedonia dos irmãos Marx em *Diabo a quatro* e a Pepperland dos Beatles em *Submarino amarelo*; mas não encontro as cidades dos filmes de sátira política de René Clair.

A literatura italiana é bem representada, da Albraca de Boiardo à Zavattinia de *Totò Il buono*, embora não seja das mais ricas nesse campo; não faltam a fortaleza Bastiani de Buzzati, o Maradragal de Gadda nem o País dos Brinquedos de Collodi.

Entre as curiosidades dignas de nota, gostaria de assinalar dois túneis: um que leva da Grécia a Nápoles, para uso exclusivo dos amantes infelizes, explorado na *Arcádia* de Sannazaro; o outro, que liga o Adriático (através do vale do Brenta) ao Tirreno (desembocando no golfo de La Spezia), construído no século XIV pelos genoveses para invadir a república de Veneza, foi encontrado e explorado no romance de Salgari chamado *I naviganti della Meloria* (1903), onde se descobre uma fauna fosforescente de medusas e moluscos gigantescos.

[1981]

22. OS SELOS DOS ESTADOS DE ÂNIMO

Durante toda a vida Donald Evans fabricou selos. Selos imaginários de países imaginários, desenhados a lápis ou tintas coloridas e pintados com aquarela, mas escrupulosamente fiéis a tudo o que se espera de um selo, a ponto de, à primeira vista, parecerem verdadeiros. Inventava o nome de um país, o nome de uma moeda, um repertório de imagens características, e começava a preencher minuciosamente pequenos quadrados ou retângulos (às vezes até triângulos) emoldurados numa borda branca e serrilhada, em séries completas, cada série com seu ano de emissão e o estilo da época, cada valor com sua corzinha tênue, escolhida entre a gama de pigmentos típica das franquias postais.

Nada de ficção científica nem de gênero utópico ou extravagante: os Estados de seu atlas imaginário se parecem com os Estados que existem na realidade, só que se tornaram mais familiares e controláveis, identificando-se inteiramente com um número limitado de emblemas reconfortantes. Inventava também o nome da capital e fazia um timbre circular para anular os selos, de modo que o efeito de verdade se tornava cada vez mais persuasivo. Às vezes a composição incluía até o envelope todo carimbado e repleto de selos, com o endereço escrito à mão numa grafia inventada, nomes de pessoas e de lugares inventados, mas quase sempre verossímeis.

O fascínio dos selos nasce sempre na infância: ele é movido simultaneamente pelo amor ao exótico e pelo gosto da sistematicidade das séries. Foi desde a infância que Donald Evans, americano de Nova Jersey, começou a colecionar selos e depois a inventá-los, o que quer dizer inventar uma geografia e uma história paralelas às do mundo reconhecido pelos outros. Ao crescer, Evans nunca abandonou de todo sua paixão infantil, ainda que, praticando a pintura à margem de seus estudos de arquitetura, a escondesse quase com vergonha. Estamos em Nova York, no final dos anos 1950, época do domínio absoluto do expressionismo abstrato. Mas logo em seguida o advento da arte pop convence Evans de que suas primeiras predileções figurativas correspondem aos rumos artísticos mais recentes. Abre-se a ele a estrada que pode torná-lo pintor de sucesso; mas a única coisa que lhe interessa é viver tranquilamente, fazendo o que mais lhe agrada. Nos anos 1970 continua pintando exclusivamente selos, cerca de 4 mil, distribuídos por 42 países imaginários, com uma exposição a cada ano, mas permanecendo em Nova York o menor tempo possível. Vive quase sempre na Europa, sobretudo na Holanda, até o incêndio em que perde a vida, em Amsterdã, com apenas 31 anos de idade. O livro que me fez conhecê-lo é prova de que um círculo de amigos e de especialistas tributa à sua figura e à sua obra um culto semelhante à memória de um santo (*The world of Donald Evans*, texto de Willy Eisenhart, Nova York).

A vida breve de Donald Evans (1945-77) é reconstruída minuciosamente e sua obra é detalhadamente comentada por Willy Eisenhart na introdução às 85 ilustrações em cores, dispostas em ordem alfabética como um álbum de coleção dos países imaginários. A coleção de selos é ao mesmo tempo coleção de galinhas, de moinhos de vento, de dirigíveis, de cadeiras, de palmeiras, borboletas e todo tipo de exemplar da fauna e da flora (aliás, "Fauna and Flora" é o nome de um reino federado que figura não se sabe onde na geografia evansiana, certamente em paragens nórdicas). De fato Evans adora as classificações, as nomenclaturas, os catálogos, as amostragens, e qual forma melhor que as séries filatélicas para exprimir sua paixão serial? *Catálogo do mundo* é o título que ele pretendia dar a toda a sua obra. Algumas páginas apresentam uma folha de selos todos iguais, ainda não separados pelas linhas picotadas. Outras apresentam ainda as coleções que tentam reconstituir essa folha originária alinhando selos todos idênticos, mas diferençados pela sombra escura do timbre e pelas irregularidades do contorno. (Evans tinha um especial cuidado ao imitar o serrilhado ou a ausência de serrilhado nas séries que parecem ser mais antigas, anteriores à invenção da máquina picotadora.) Não faltam as combinações mais abstratas, como as peças de dominó nos elegantíssimos selos do "Etat Domino" ou os *tartan* escoceses de "Antiqua", pintados em homenagem a uma amiga cuja família era originária da Escócia.

É na introversão do caráter de Evans que Eisenhart vê a origem dessa fixação filatelista. Eu diria que a necessidade que o move é a de manter um diário de estados de ânimo, sentimentos, experiências positivas, valores sintetizados em objetos emblemáticos; mas a visão nostálgica do álbum de selos permite cultivar uma interioridade subjetivada, dominada pela consciência. Prevalecem a ordem da sistematização serial, a ironia da invenção e atribuição dos nomes, a sutil melancolia das paisagens esfumadas e repetidas em todas as cores.

Para Donald Evans, criar selos é sobretudo um modo de apropriar-se dos países visitados, dos lugares onde se vive: sua terra de adoção, a Holanda, lhe inspira os selos de "Achterdijk" (Atrás do dique, de seu primeiro endereço holandês) e de "Nadorp" (Depois do vilarejo, do endereço de um amigo), nos quais ele exprime seu amor pelas paisagens planas, pelos moinhos de vento de vários formatos, e também pela língua holandesa. De cores mais vivas são os selos de "Barcentrum", do nome do bar que Evans frequentava em Amsterdã: uma bela série que é também uma lista das bebidas por ordem de preço, todas em taças diferentes. Percebemos pouco a pouco que muitos desses nomes de Estados não são absolutamente inventados, mas designam lugares modestos ou mínimos por onde Evans passou e aos quais ele atribui as prerrogativas que cabem aos Estados soberanos. Assim, depois de um verão na Costa Brava, ele desenha os selos de Cadaqués, com uma série alegre de hortaliças.

Outros nomes pertencem a uma geografia dos sentimentos: "Lichaam" e "Geest" (corpo e alma, em holandês) são dois reinos gêmeos do extremo Norte que têm em comum a moeda (o "ijs", isto é, gelo) e os selos (com focas e narvais). Duas ilhas africanas se chamam "Amis et Amants" e formam um dos Estados saídos da descolonização de um antigo protetorado francês, o "Royaume de Caluda". Num primeiro momento os novos Estados independentes ainda usam os tristes selos da velha colônia corrigidos por emendas; depois as "Postes des Iles Amis et Amants" emitem uma nova série com paisagens de localidades que se chamam "Coup de Foudre", "Premières Amours", "La Passade".

Mas é principalmente por meio da comida que Evans estabelece sua relação com os países, colhendo durante suas viagens os sabores e cheiros mais característicos. Depois de uma viagem à Itália, inventa um novo país, "Mangiare", cuja moeda se calcula em gramas e cujos sofisticadíssimos selos são um museu de hortaliças, frutas e ervas: da ervilha, da alcaparra, dos pinhões e da azeitona (imagens puntiformes que ressaltam emolduradas com elegância) à flor de abobrinha, ao alecrim, ao aipo, aos brócolis. O "Estado de Mangiare" dedica uma série especial à receita do pesto genovês, com os ingredientes fundamentais (manjericão, pinhões, queijo pecorino, alho). Outra série (datada de 1927) exalta o pepino sob forma de dirigível. Durante a Segunda Guerra Mundial o Estado de Mangiare é invadido pelo exército de Antepasto: uma inscrição designa os selos da zona ocupada. No pós-guerra, uma região de Mangiare chamada Pasta se torna autônoma; e as "Poste Pasta" emitem uma série que é um esplêndido mostruário de variedades de massa.

■ *ITALO CALVINO*

A saudade do país experimentada pelo americano na Europa também se concentra em visões comestíveis: a fruta. As sugestivas ilustrações dedicadas a um país chamado "My Bonnie" ("My Bonnie lies over the ocean", diz a canção) são pontilhadas de cerejas todas aparentemente iguais, mas cada uma com uma gradação diversa de vermelho e um nome, tirado de catálogos de estabelecimentos agrícolas.

Enfim, esse pretenso introvertido era um homem nada voltado para si mesmo, mas projetado para fora, para as coisas do mundo, escolhidas e reconhecidas e nomeadas uma a uma com delicadeza e precisão amorosa. Talvez o que mais o interessava nos selos fosse justamente a função comemorativa: queria contrapor às celebrações oficiais, programadas e burocráticas dos ministérios de todo o mundo um ritual de celebrações privadas, comemorações de encontros mínimos, consagrações das coisas únicas e insubstituíveis: um manjericão, uma borboleta, uma oliva. Sem a ilusão de arrancá-las ao fluxo do tempo que rapidamente transforma as séries dos selos em vestígios do passado.

[1981]

23. A ENCICLOPÉDIA DE UM VISIONÁRIO

No princípio foi a linguagem. No universo que Luigi Serafini habita e escreve, creio que a palavra escrita tenha precedido as imagens: essa grafia cursiva, minuciosa, ágil e (devemos admitir) claríssima, que sempre nos sentimos prestes a poder ler e que no entanto nos escapa em cada palavra e cada letra. A angústia que esse Outro Universo nos transmite não vem tanto de sua diversidade quanto ao nosso, mas sobretudo pela semelhança; tal como a escrita, que poderia ter sido elaborada verossimilmente numa área linguística estranha à nossa, mas não impraticável.

Refletindo, ocorre-nos que a peculiaridade da língua de Serafini não deve ser apenas alfabética, mas também sintática: as coisas do universo que essa linguagem evoca, assim como as vemos ilustradas nas páginas de sua enciclopédia (*Codex Seraphinianus*, Franco Maria Ricci), são quase sempre reconhecíveis, mas é a conexão entre elas que nos parece transfigurada, com aproximações e relações surpreendentes. (Se eu disse "*quase* sempre" é porque há também algumas formas irreconhecíveis, que têm uma função muito importante, como tentarei explicar mais adiante.) O ponto decisivo é o seguinte: se a escrita serafiniana tem o poder de evocar um mundo em que a sintaxe das coisas se embaralha, por outro lado deve conter, oculto sob o mistério de sua superfície indecifrável, um mistério ainda mais profundo, que diz respeito à lógica da linguagem e do pensamento. As imagens do existente contorcem e acavalam seus nexos, o transtorno dos atributos visuais produz monstros, o universo de Serafini é teratológico. Mas até na teratologia há uma lógica, cujos lineamentos temos a impressão de ver aflorar aqui e ali, assim como os significados daquelas palavras diligentemente traçadas à ponta de pena.

Tal como o Ovídio das *Metamorfoses*, Serafini acredita na contiguidade e na permeabilidade de todo o território do existente. O anatômico e o mecânico permutam suas morfologias: braços humanos não terminam em mãos, mas num martelo ou em tenazes; pernas se sustentam não sobre pés, mas em rodas. O humano e o vegetal se completam; veja-se a ilustração do cultivo do corpo humano: um bosque sobre a cabeça, trepadeiras subindo pelas pernas, descampados na palma da mão, cravos que florescem para fora dos ouvidos. O vegetal se casa com o mercadológico (há plantas de caule-pirulito, de espigas-lápis, de folhas-tesouras, de frutos-fósforos), o zoológico com o mineral (cães e cavalos metade petrificados), assim como o cimenteiro com o geológico, o heráldico com o tecnológico, o selvagem com o metropolitano, o escrito com o vivente. Do mesmo modo que certos animais assumem a forma de outras espécies que vivem no mesmo habitat, assim os seres vivos são contagiados pelas formas dos objetos que os circundam.

A passagem de uma forma a outra é seguida fase por fase na dupla humana em amplexo que gradativamente se transforma num crocodilo. Trata-se de uma das melhores invenções visuais de Serafini, à qual eu acrescentaria, numa escolha ideal, os peixes que ao emergirem da água parecem os grandes olhos de uma diva do cinema; e as plantas que crescem em forma de cadeira, bastando cortá-las e desbastá-las para que se obtenha uma cadeira completa e forrada de palha; e adicionaria ainda todas as figuras em que aparece o tema do arco-íris.

Diria que as imagens que mais propiciam o transe visionário de Serafini são três: o esqueleto, o ovo e o arco-íris. Pode-se dizer que o esqueleto é o único núcleo de realidade que resiste tal como é nesse mundo de formas intercambiáveis: vemos esqueletos que esperam envergar os invólucros de pele e carne (que, frouxos como vestes vazias, pendem de ganchos) e, terminada a operação de vestição, se olham perplexos no espelho. Uma outra ilustração evoca uma cidade de esqueletos, com as antenas de televisão feitas de ossos e um esqueleto garçom que está servindo um osso num prato.

O ovo é o elemento originário que comparece em todas as suas formas, com ou sem casca. Ovos sem casca caem de um tubo num prato sobre o qual imediatamente rastejam, como organismos dotados de perfeita autonomia locomotora, para depois subirem numa árvore e se deixar cair de novo, assumindo os contornos característicos do ovo estrelado.

Quanto ao arco-íris, ele tem uma importância central na cosmologia serafiniana. Ponte sólida, é capaz de sustentar uma cidade inteira; mas é preciso dizer que essa cidade muda de cor e de consistência conforme seu suporte. É do arco-íris, por entre furos circulares no tubo iridescente, que saem certos bichinhos bidimensionais e coloridos, de formatos irregulares nunca vistos, que poderiam ser o verdadeiro princípio vital desse universo, corpúsculos geradores da irrefreável metamorfose geral. Em outras ilustrações vemos que os arco-íris são estendidos no céu por uma espécie de helicóptero, o qual pode desenhá-los na forma clássica de um semicírculo ou ainda em nó, em zigue-zague, em espiral, em estilicídio. Da fuselagem em forma de nuvem desse aparelho pendem, suspensos por fios, vários desses corpúsculos policromos. Um equivalente mecânico do pulvísculo iridescente que paira no ar? Ou coloridos anzóis de pesca?

São essas as únicas formas indefiníveis no cosmorama serafiniano, como eu dizia antes. Seres de formas afins surgem como corpúsculos luminosos (fótons?) num enxame que voa fora de um farol, ou como microrganismos atentamente catalogados na abertura da seção botânica e da zoológica dessa enciclopédia. Talvez tenham a mesma consistência dos sinais gráficos: constituem outro alfabeto ainda, mais misterioso e mais arcaico. (De fato, formas semelhantes aparecem esculpidas numa espécie de

Pedra de Roseta, ladeadas pela "tradução".) Talvez tudo o que Serafini nos mostra seja escritura: somente o código varia.

No universo-escrita de Serafini, raízes quase iguais são catalogadas com nomes diversos, porque cada barba de raiz é um traço diferencial. As plantas retorcem seus tênues fustes como as linhas traçadas pela pena, penetram na terra de onde mal despontam, para depois aflorar de novo ou fazer germinar flores subterrâneas.

As formas vegetais prolongam a classificação das plantas imaginárias iniciada pela graciosa *Nonsense Botany* de Edward Lear e continuada pela sideral *Botanica Parallela* de Leo Lionni. No viveiro de Serafini há folhas-nuvem que borrifam as flores, folhas-teia que capturam os insetos. Árvores se desenraizam sozinhas e marcham para a orla do mar de onde zarpam girando as raízes como hélices de lancha.

A zoologia de Serafini é sempre inquietante, teratomórfica, de pesadelo. Uma zoologia cujas leis evolutivas são a metáfora (uma serpente-linguiça, uma víbora-cadarço de amarrar tênis), a metonímia (um pássaro que é apenas uma pena culminando numa cabeça de pássaro), a condensação de imagens (um pombo que é também um ovo).

Aos monstros zoológicos sucedem os monstros antropomorfos, talvez tentativas falidas no caminho da hominização. Que o homem tenha se tornado homem a começar dos pés foi explicado por um grande antropólogo como Leroi-Gourhan. Nas ilustrações de Serafini vemos uma série de pernas humanas que tentam encontrar um acabamento não num torso, mas num objeto como um novelo ou uma sombrinha, ou numa simples luminosidade de estrela que se acende e se apaga. É uma multidão de seres desta última espécie que vemos em pé sobre barcos à deriva, que descem um rio passando sob as arcadas de uma ponte, numa das figuras mais misteriosas do livro.

A física, a química e a mineralogia inspiram a Serafini as páginas mais amenas, porque mais abstratas. Mas o pesadelo retorna com a mecânica e a tecnologia, em que o teratomorfismo das máquinas resulta não menos inquietante que o dos homens. (Aqui as comparações remetem a Bruno Munari e a toda uma genealogia de inventores de máquinas extravagantes.)

Quando passamos às ciências humanas (que incluem etnografia, história, gastronomia, jogos, esporte, vestuário, linguística, urbanismo), devemos levar em conta que é difícil separar o sujeito homem dos objetos, agora soldados a ele numa continuidade anatômica. Há até uma máquina perfeita, que satisfaz todas as necessidades do homem e, na sua morte, se transforma em caixão. A etnografia não é menos horripilante que outras disciplinas: entre os vários tipos de selvagens, catalogados com suas vestimentas características, seus instrumentos e suas habitações, há o homem do lixo e o homem da desratização, mas o mais dramático é o homem da rua ou homem-rua, com a roupa de asfalto ornado de faixas brancas da sinalização.

Há uma angústia na imaginação de Serafini que talvez atinja seu ápice na gastronomia. No entanto, mesmo aqui se revela sua peculiar alegria, expressa sobretudo pelas invenções tecnológicas: um prato munido de dentes que mastiga os alimentos, de forma que possam ser absorvidos por um canudo; uma estrutura para o escoamento de peixes como se fossem água corrente, através de tubulações e torneiras, de modo a que se tenha peixe fresco em domicílio.

Parece-me que, para Serafini, a verdadeira "gaia ciência" é a linguística. (Especialmente no que concerne à palavra escrita; alguma angústia também deriva da palavra falada, que vemos escorrer dos lábios como uma baba escura ou ser extraída da boca escancarada por varas de pescar.) A palavra escrita também é viva (basta espetá-la com uma agulha para vê-la sangrar), mas goza de autonomia e corporeidade, podendo tornar-se tridimensional, policroma, erguer-se da folha agarrada a balõezinhos ou pousar nela de paraquedas. Há palavras que, para mantê-las presas à página, é preciso costurá-las, passando a linha por entre as fendas das letras aneladas. E, caso se observe a escrita com uma lente, o fino fio de tinta se revelará atravessado por uma densa corrente de significado: como uma autoestrada, como uma multidão fervilhante, como um rio abarrotado de peixes.

Ao final (é a última ilustração do *Codex*), o destino de toda escrita é ruir em pó, e até da mão que escreve não resta mais que o esqueleto. Linhas e palavras se destacam da página, esfarinham-se, e dos montinhos de pó eis que despontam os serezinhos cor de arco-íris e começam a pular. O princípio vital de todas as metamorfoses e de todos os alfabetos retoma seu ciclo.

[1982]

Parte 4

A FORMA DO TEMPO

JAPÃO

24. A VELHA SENHORA DE QUIMONO VIOLETA

Estou esperando o trem de Tóquio para Kyoto. Na plataforma da estação de Tóquio está assinalado o ponto exato em que as portas de cada vagão devem se abrir assim que o comboio parar. Os lugares são todos reservados, e antes mesmo que haja um trem os viajantes já estão em seus lugares, alinhados entre as faixas brancas que delimitam várias pequenas filas perpendiculares ao trilho.

A agitação, a confusão, o nervosismo parecem ausentes das estações japonesas. Os que partem se distribuem como num tabuleiro onde todos os movimentos estão preestabelecidos. E os que chegam são arregimentados em jorros de multidão compacta, sólida e contínua, que escorre pelas escadas rolantes sem espaço para a desordem: milhões de pessoas se deslocam todos os dias de trem entre a casa e o trabalho na área interminável de Tóquio.

Entre os que partem em fila, noto uma senhora idosa num belo e pálido quimono violeta, circundada de familiares jovens, homens e mulheres, em atitude respeitosa e solícita. As despedidas das famílias na estação parecem uma cena de outros tempos, sobretudo numa era como a nossa, que vive num vaivém perpétuo, de modo que os deslocamentos pendulares se tornaram um hábito. Nos aeroportos o ritual das despedidas e dos reencontros, que define a viagem como circunstância excepcional, ainda pode fornecer matéria a um eventual estudo do comportamento afetivo nos vários países do mundo; mas as estações ferroviárias se transformam cada vez mais no reino das multidões solitárias, onde ninguém acompanha ninguém. Muito menos no caso de um trem como esse, que só vai até Kyoto, em três horas de viagem.

Novo no país, ainda estou na fase em que tudo o que vejo tem um valor próprio, pois não sei que valor atribuir às coisas. Bastaria que eu ficasse um tempo no Japão e certamente também para mim se tornaria um fato normal que as pessoas se cumprimentem com mesuras repetidas e profundas; que muitas senhoras, sobretudo anciãs, vistam o quimono com uma vistosa borla sobre as costas, que forma uma suave corcunda sob o casaco, e sigam em frente com os pequenos passos saltitantes de pés brancocalçados. Quando tudo tiver encontrado uma ordem e um lugar em minha mente, começarei a não achar mais nada digno de nota, a *não ver* mais o que estou vendo. Porque ver quer dizer perceber diferenças, e, tão logo as diferenças se uniformizam no cotidiano previsível, o olhar passa a escorrer numa superfície lisa e sem ranhuras. Viajar não serve muito para entender (isso eu sei faz tempo; não precisei chegar ao Extremo Oriente para me convencer disso), mas serve para reativar momentaneamente o uso dos olhos, a leitura visual do mundo.

A senhora tomou assento no vagão acompanhada de uma jovem de uns vinte anos, e agora ambas trocam grandes reverências com os que ficaram na plataforma da estação. A jovem é graciosa, sorridente, leva sobre o quimono uma espécie de túnica clara, de tecido leve, que poderia ser um penhoar de casa, um avental. Seja como for, a jovem inspira uma impressão caseira, talvez simplesmente pelo modo com que ajeita ao redor da senhora um cantinho acolhedor, retirando da bagagem vários cestinhos, garrafa térmica, livros, revistas, balas, tudo o que pode tornar a viagem confortável. Não há nada de ocidental na garota, que parece uma aparição de outros tempos (quem sabe quais), no penteado, na expressão sorridente, fresca e suave. Já na velha senhora, aqueles poucos elementos ocidentais, ou melhor, americanos — os óculos de armação prateada, o permanente azulado recém-saído do cabeleireiro — que se somam à vestimenta tradicional dão a sensação exata do Japão de hoje.

O vagão tem muitos lugares livres, mas a jovem, em vez de ficar ao lado da senhora, senta-se na fila da frente e, virada para o encosto da poltrona, agora lhe serve uma merenda: um sanduíche num cestinho de palha. (Desta vez, comida ocidental numa confecção tradicional: o contrário do que geralmente se vê nos frequentes lanches rápidos dos japoneses que, por exemplo, durante os longuíssimos espetáculos de teatro kabuki, abrem crepitantes saquinhos de celofane e extraem com pauzinhos bocados de arroz branco e de peixe cru.)

O que a jovem é da senhora? Uma neta, uma empregada, uma acompanhante? Está sempre ocupada, vai, vem, tagarela com toda naturalidade e agora volta do vagão-restaurante trazendo uma bebida fresca. E a senhora? Parece que tudo lhe é devido, está sempre com o nariz empinado. É em momentos como estes que se sente o que é a distância entre duas civilizações: não saber definir aquilo que se vê, os gestos e o comportamento, não saber o que há neles de usual ou de peculiar, o que é normal e o que é insólito. Ainda que amanhã eu tentasse perguntar a um japonês que me escutasse: "Encontrei duas pessoas assim e assado. Quem poderiam ser? Que relação social ou de parentesco haveria entre elas?", seria difícil fazer entender minha curiosidade e obter respostas adequadas; e mesmo assim qualquer definição de um papel demandaria a explicação do contexto em que aquele papel se insere, abrindo novas questões, e por aí vai.

Fora da janela continua passando uma interminável periferia. Corro os olhos nos títulos do *Japan Times*, diário de Tóquio em língua inglesa. Hoje se comemoram os cinquenta anos do reinado do imperador, e o governo anunciou uma cerimônia solene. Houve muitas polêmicas sobre a oportunidade dessa celebração; as esquerdas são contra; estão sendo organizadas manifestações de protesto; temem-se atentados. Já faz alguns dias que a polícia em Tóquio vigia qualquer aglomeração; as caminhonetes das associações nacionalistas atravessam a cidade embandeirada difundindo hinos marciais.

Naquela manhã, no trajeto de táxi do hotel à estação, Tóquio estava apinhada de policiais enfileirados, com escudos e longos cassetetes. Num terreno baldio, uma centena de jovens estava sentada no chão entre bandeiras vermelhas, sob o estrondo de um alto-falante: certamente um dos comícios de protesto organizados nos vários bairros.

(Impressões rápidas dos primeiros dias em Tóquio: é uma cidade toda de pistas elevadas, viadutos, trens, entroncamentos, faixas de tráfego que escoam lentas em diversos níveis, passagens subterrâneas, galerias para pedestres; uma metrópole onde tudo pode acontecer ao mesmo tempo, como em dimensões não comunicantes entre si e indiferentes; cada acontecimento é circunscrito, constitui uma ordem em si, que a ordem circunstante delimita e engloba. No ar chuvoso da tarde passa um agrupamento de grevistas alinhado numa das faixas, que para num semáforo e retoma a caminhada com o sinal verde, ritmando as passadas ao som de apitos, com bandeiras vermelhas todas iguais, precedido e sucedido por negros pelotões de policiais, como entre parênteses, enquanto o trânsito prossegue nas outras faixas. Todos olham para a frente, jamais para o lado.)

O *Japan Times* entrevistou cerca de vinte japoneses conhecidos (sobretudo artistas e esportistas) para saber o que eles sentem em relação ao imperador e a respeito das comemorações. Quanto aos festejos, muitos estão indiferentes ou duvidosos; sobre a pessoa e a instituição, as opiniões vão da reverência incondicional (especialmente entre os mais velhos) à perplexidade diante de uma permanência tão longa num trono puramente simbólico, passando pela lembrança ainda carregada de emoção de quando se ouviu pela primeira vez a voz desse ser até então invisível e inabordável (ao anunciar na rádio, um mês depois dos bombardeios atômicos, a capitulação do país). (O imperador é um pouco mais e um pouco menos que um monarca constitucional: segundo a Constituição, é o "símbolo do Estado e da unidade do povo", mas não tem nenhum poder ou função.) "Quase metade desses cinquenta anos de reinado foi de guerras e de invasões", lembra um velho escritor, que se declara contrário à celebração mesmo reiterando seu respeito à pessoa e à instituição.

(Na televisão, naquela mesma noite, se veriam as imagens do dia em Tóquio, muito claras até para quem não entende o comentário do locutor: em rápidos enquadramentos se desenrola a "serpente" dos manifestantes que ondeiam de cabeça baixa; a polícia avança com os escudos e os cassetetes erguidos; os golpes, a pancadaria, uma saraivada de chutes em alguém encolhido no chão; depois sequências mais longas de bairros em festa, crianças com flores, bandeirolas, lanternas. Numa grande sala o imperador, muito baixinho dentro de um fraque, lê seu discurso percorrendo as linhas de cima para baixo com os olhos atrás de grossas lentes; sentada perto dele, a imperatriz de chapéu e roupas claras. Em seu discurso — diz a manchete do jornal no dia seguinte — o imperador se diz pesaroso pelas vítimas da Segunda Guerra Mundial.)

Nos primeiros dias num país novo nos esforçamos para estabelecer relações entre todas as coisas que ocorrem sob nossos olhos. No trem, minha atenção ficou dividida entre ler os comentários sobre o imperador e observar a velha senhora impassível, servida e reverenciada em meio àquele trem de homens de negócios que folheiam sobre os joelhos dossiês de balanços financeiros, orçamentos, projetos de maquinários e construções.

No Japão, as distâncias invisíveis são mais fortes que as visíveis. Em Tóquio, uma avenida central margeia o canal que contorna a zona verde dos palácios imperiais. A congestão ininterrupta do tráfego aflora uma linha além da qual tudo é silêncio. Os portões dos jardins se abrem à multidão apenas duas vezes ao ano, mas durante o ano todo comitivas de peregrinos descem dos ônibus e seguem a pé atrás da bandeirinha de uma guia ao lado das muralhas até os portões da praça das Duas Pontes, onde se fazem fotografar em grupo. É esse o último limite ao qual podem chegar os comuns mortais em dias normais; mais adiante começa a residência dos soberanos, dimensão quase ultraterrena. Eu também fui até ali como um turista diligente, mas não se via nada: um corpo de guarda, uma ponte com duas arcadas sobre o canal entre os salgueiros pendentes.

A jovem agora está sentada ao lado da senhora, falando e rindo. A senhora permanece calada, severa, sem responder, sem se virar, olhando fixamente para a frente. A jovem continua a discorrer, hílare, leve, como pulando de um assunto a outro, improvisando temas de narrativas e brincadeiras, exercitando uma arte da conversação segura e discreta, uma regra de comportamento inata e solta, quase como se executasse variações musicais num teclado. E a velha? Calada, séria, dura. Não é que não escute: mas é como se estivesse ao pé do rádio, recebendo uma comunicação que não implica nenhuma resposta de sua parte.

Enfim, essa velha é uma tremenda antipática! É uma egoísta presunçosa! Um monstro! Até alguém como eu, que tenta tanto quanto possível abster-se de formular juízos sobre o que não está seguro de compreender, pode estar sujeito a repentinos acessos de ira. Assim, neste momento me enfureço intimamente contra a velha dama que parece encarnar algo de terrivelmente injusto. Mas quem ela acha que é? Mas como pode ousar pretender tantas atenções? Minha indignação diante da altivez da senhora cresce com a admiração pela graça, a alegria e a civilidade da jovem — qualidades para mim igualmente misteriosas —, que me dão a sensação de um desperdício imperdoável.

Observando bem, o que me consome neste momento é um estado de espírito complexo e misturado. Há certamente um impulso de rebelião movido pela solidariedade aos jovens contra a autoridade esmagadora dos velhos, ou aos subalternos contra o privilégio dos senhores. Há tudo isso, claro. Mas talvez também haja algo mais, um fundo de inveja, uma raiva que vem do fato de eu me identificar de algum modo com o papel da velha senhora, a vontade de lhe dizer entredentes: "Mas você não sabe, sua tonta, que nós do Ocidente nunca mais poderemos ser servidos como a senhora é servida? Não sabe que no Ocidente nenhum velho será mais tratado com tanta devoção por uma jovem?".

Aí compreendo que apenas representando o conflito como algo que ocorre dentro de mim mesmo eu posso pretender entrar em seu segredo, decifrá-lo. Mas será assim mesmo? O que eu sei da vida deste país? Nunca entrei numa casa japonesa, e esta é a primeira vez na viagem (e também a última) que me acontece de apurar os olhos sobre uma espécie de cena de vida doméstica.

A tradicional casa japonesa parece abrir-se com suas finas portas de correr como sipários de um palco sem segredos. Por outro lado, este é um mundo em que o dentro e o fora estão separados por uma barreira psicológica difícil de ultrapassar. Prova disso é sua representação pictórica. Foi no Ocidente que os pintores do século XIV resolveram de uma vez por todas o problema da representação dos interiores de um modo que hoje nos parece óbvio, ou seja, abolindo uma parede e mostrando a sala aberta como uma cena teatral. Mas antes disso os pintores japoneses do século XII já haviam encontrado outro sistema — menos direto, porém mais completo — de explorar visualmente o espaço interno também respeitando sua separação do exterior: aboliram o teto.

Nos rolos pintados que ilustram os manuscritos da refinada literatura de corte do período Heian, o estilo chamado *fukinuki-yatai* (que significa justamente "casa sem teto") enquadra as personagens estilizadas e sem espessura numa oblíqua perspectiva geométrica de divisórias, molduras de portas, paredes da altura de biombos, permitindo que se veja o que ocorre simultaneamente nos vários cômodos.

A cada olhar que dirijo para além do encosto que me separa das duas mulheres, a cena muda: agora é a velha que está

171

falando, comedida, com paciência. E eis que parece haver um entendimento perfeito entre as duas.

Poucos dias antes eu parara para observar no Museu de Tóquio alguns dos elegantíssimos rolos que ilustram o diário e o romance da preciosa Murasaki. Agora a presença da jovem que ergue alto seu sorriso e desenha linhas suaves e compostas com o colo, os ombros, os braços, tal como uma personagem de Murasaki em meio a um mundo de dureza, me transfigura aquele interior de vagão de trem elétrico numa das casas sem teto que desvelam e ao mesmo tempo escondem lances de vida secreta num rolo pintado.

25. O AVESSO DO SUBLIME

As folhas dos bordos se tornam em novembro de um vermelho escarlate, que é a nota dominante da paisagem outonal japonesa, despontando sobre o fundo verde-escuro das coníferas e contra as várias tonalidades de fulvo, ferrugem e amarelo das outras folhagens. Mas não é com um ato de franca prepotência cromática que os bordos se impõem ao olhar: se o olho é imantado por eles, como perseguindo o motivo de uma música, é pela leveza de suas folhas estreladas, como suspensa ao redor dos ramos finos, todas horizontais, sem espessura, propensas a expandir-se, mas sem saturar a transparência do ar.

Amarelas de um amarelo mais pungente e luminoso são, por sua vez, as folhas do ginkgo, que se precipitam em chuva dos altíssimos galhos como pétalas de flores: infinitas folhinhas em forma de leque, uma chuva contínua e suave que pigmenta de dourado a superfície do lago.

O guia está explicando em japonês a um grupo de visitantes a história do palácio Sento, construído no século XVII para acolher os ex-imperadores numa época em que as abdicações, voluntárias ou forçadas, eram frequentes, pois todo o poder estava nas mãos dos generais. As vilas imperiais de Kyoto só podem ser visitadas com uma permissão especial, que deve ser solicitada por escrito. A espera pela permissão pode ser de poucos dias para os estrangeiros de passagem, mas para os japoneses dura pelo menos seis meses, e ter visitado esses locais famosos de sua história é uma sorte que não é dada a todos. O aspirante à visita é convocado para uma determinada data e inserido num grupo que um cicerone guiará pelo itinerário prescrito, parando nos pontos estabelecidos para as explicações em japonês ou em inglês, a depender da composição do grupo. Sei muito pouco da história dinástica do Japão para poder aproveitar a fala do cicerone; espero tirar mais proveito dos momentos de espera, de pequenos desvios no percurso do grupo, de personagens e detalhes em que esbarro por acaso.

Passa uma velha vestida de violeta, bem miúda, com a cabeça raspada, com certeza uma monja; está contraída e quase dobrada em duas. Muitas velhas no Japão têm esse aspecto corcunda e contorcido, como num parentesco com as árvores anãs cultivadas em vasos segundo a antiga tradição do bonsai.

Até a forma das árvores é resultado de uma podadura sapiente. Aí estão dois jardineiros que podam os pinheiros subindo por escadinhas em forma de triângulo, com as pernas de bambu. Parecem desplumar com os dedos cada topo de galho, deixando apenas um tufinho horizontal, de modo que a copa se expanda como uma sombrinha.

A maioria dos jardineiros é de mulheres: pela trilha avança uma equipe, vestidas com o que deve ser a farda tradicional de trabalho: calças azuis, blusa cinza, lenço na cabeça. Baixas de estatura sob grandes sacos de folhas secas e cestos de galhos, armadas de ancinhos e de podões, não se entende se velhas ou jovens, mas já nodosas e contorcidas como por uma adaptação ambiental.

Há uma coisa que tenho a impressão de começar a entender aqui em Kyoto: mais através dos jardins que por meio dos templos e palácios. A construção de uma natureza controlável pela mente, para que por sua vez a mente possa receber ritmo e proporção da natureza: assim poderia ser definida a intenção que levou a compor esses jardins. Tudo aqui deve parecer espontâneo, e por isso tudo é calculado: as relações entre as cores das folhas nas várias estações, entre as massas de vegetação segundo seu variável tempo de crescimento, as irregularidades harmoniosas, as trilhas que sobem e descem, os espelhos d'água, as pontes.

Os laguinhos são um elemento do jardim não menos importante que a vegetação. Geralmente há dois, um de água corrente e outro estagnado, que determinam duas paisagens diversas, afinadas a diferentes estados de ânimo. O jardim Sento também tem duas cascatas: uma macho e uma fêmea (Odaki e Medaki), a primeira que tomba de dentro das pedras e a segunda que murmura saltitando entre degraus de seixo numa reentrância do campo.

Os campos não são de grama, mas de musgo. Há um musgo que cresce como verdadeiras plantinhas de alguns centímetros; é chamado em japonês de musgo cedro, porque as plantinhas parecem minúsculas coníferas. (Há um templo em Kyoto cujo jardim é inteiramente recoberto de musgo: ali existem cem espécies diferentes de musgo — ou pelo menos trinta, segundo classificações mais rigorosas. Mas por esse templo de musgo se entra num mundo distinto: como num parque nórdico embebido de chuva. De fato, qualquer caracterização muito extremada nos afasta do verdadeiro espírito do jardim japonês, onde um elemento jamais prepondera sobre outro.)

Cada detalhe do jardim é concebido para provocar admiração, mas com os meios mais simples: todas as plantas são familiares, sem nenhuma busca de efeitos sensacionais. Quase ausentes as flores; alguma camélia branca e vermelha; é outono, e as cores vêm todas das folhas; mas também estão ausentes as plantas florais; na primavera, são as árvores frutíferas que florescem.

Vistas montuosas, rochas e declives multiplicam as paisagens. Grupos de plantas são dispostos segundo suas proporções recíprocas de modo a criar ilusões de perspectiva: árvores que parecem distantes ao fundo estão, ao contrário, a dois passos; perspectivas em subida ou em descida sugerem espaços que não existem. A paixão japonesa pelo pequeno que dá a ilusão do grande também se expressa na composição da paisagem.

175

■ *ITALO CALVINO*

* * *

    Na visita a Kyoto me acompanha um estudante japonês apaixonado por poesia, e poeta, que lê muito bem o italiano e também fala um pouco da língua. Mas a conversa é difícil, porque ambos queríamos dizer coisas muito precisas ou então vagas demais, e no entanto só conseguimos trocar frases demasiado genéricas ou peremptórias.

    O jovem explica que estes lugares eram frequentados menos pelos imperadores do que por famosos poetas, agora lembrados por lápides e pequenos templos entre as árvores. Seguindo o fio de minhas reflexões, ocorreu-me pensar que aqui poesias e jardins nascem uns dos outros reciprocamente: os jardins eram compostos como ilustrações para as poesias, e as poesias eram compostas como comentário aos jardins. Mas pensei nisso mais por amor à simetria nos raciocínios que por uma real convicção, isto é, acho bem plausível que se possa fazer com a disposição das árvores o equivalente de uma poesia, mas suspeito que, para escrever uma poesia sobre árvores, as árvores verdadeiras sirvam pouco ou nada.

    Agora, por cima das árvores vermelhas, ferruginosas e amarelas para lá do lago, sobressaem os galhos nus de uma única árvore que perdeu as folhas. Entre esse flamejar de cores, aqueles galhos negros e secos fazem um contraste fúnebre. Passa um bando de pássaros que, dentre todas as árvores em volta, rumam direto para a árvore despida, descem sobre seus ramos e pousam um a um ali, negros contra o céu, para gozar o sol de novembro.

    Penso: aí está, a paisagem me ditou o tema de uma poesia; se soubesse o japonês, bastaria descrever esta cena em três versos de dezessete sílabas ao todo, e eu teria feito um haiku. Tento comunicar a ideia ao jovem poeta. Não parece convencido disso. Sinal de que os haiku se compõem de outro modo. Ou de que não faz sentido esperar que a paisagem lhe dite poesias, pois uma poesia é feita de ideias e palavras e sílabas, ao passo que uma paisagem é feita de folhas e cores e luz.

* * *

As salas do palácio imperial, muitas vezes destruídas e reconstruídas durante os dez séculos em que a corte residiu aqui em Kyoto, são vistas do lado de fora, através das portas de correr abertas, como um cenário de teatro. Um tapete mais elevado que os outros assinala no pavimento o local que era reservado ao imperador. A casa japonesa, assim como o palácio real, é uma sequência de salas vazias e corredores, com tapetes em vez de móveis, sem cadeiras nem mesas nem camas, onde nunca se está de pé ou sentado, mas apenas reclinado ou ajoelhado, com poucos objetos pousados no chão ou em bancos baixos ou em nichos: um vaso com poucos ramos, uma chaleira, um biombo pintado.

Desse modelo de casa parece distanciado qualquer vestígio de vida, o grave peso das existências que se materializa em nossas mobílias e impregna todo ambiente ocidental. Visitando os palácios da corte de Kyoto ou dos grandes feudatários a gente se pergunta se esse ideal estético e moral do despojado e sem adorno não seria realizável apenas no vértice da autoridade e da riqueza, pressupondo outras casas lotadas de pessoas, instrumentos, utensílios e tralhas, com cheiro de fritura, de suor, de sono, cheias de mau humor, de imprecações e de pressa, onde se debulhavam as ervilhas, fatiavam-se os peixes, remendavam-se as meias, lavavam-se os lençóis, esvaziavam-se os vasos noturnos.

Esses palácios de Kyoto, quer tenham sido habitados por soberanos reinantes ou em retiro, passam a ideia de que seria possível viver num mundo apartado daquilo que é o mundo, ao abrigo da história catastrófica e incongruente, um lugar que reflita a paisagem da mente do sábio, libertada de qualquer paixão e de qualquer neurose.

Passando pela Ponte das Seis Placas, feita de seis lápides de pedra arqueadas, e enveredando por uma trilha entre as folhas variegadas dos bambus anões, tento identificar-me com um dos ex-imperadores de um reino à mercê dos arbítrios e das devastações de feudatários sem lei, talvez resignado de bom grado a concentrar-se na única operação possível que lhe resta: contemplar e custodiar a imagem de como deveria ser o mundo.

Seguindo esses pensamentos, afastei-me do grupo de visitantes quando, de uma sebe, desponta um vigilante com walkie--talkie e me põe de novo nos trilhos. Não é permitido circular sozinho no jardim. Confuso em meio ao enxame de turistas, que escancaram as objetivas das máquinas fotográficas sobre qualquer vista panorâmica, não consigo mais criar a distância necessária à contemplação. O jardim se torna um caligrama indecifrável.

"O senhor aprecia tudo isto?", pergunta-me o estudante. "Não posso deixar de pensar que esta perfeição e harmonia custaram tanta miséria a milhões de pessoas, durante séculos."

"Mas o custo da cultura não é sempre este?", objeto. Criar um espaço e um tempo para refletir, imaginar e estudar pressupõe uma acumulação de riqueza, e por trás de toda acumulação de riqueza há vidas obscuras submetidas a cansaços, sacrifícios e opressões sem esperança. Todo projeto ou imagem que permita tender a outro modo de ser para fora da injustiça que nos circunda leva a marca da injustiça, sem a qual não teria sido concebido.

"Cabe a nós enxergar este jardim como o 'espaço de uma outra história', nascido do desejo de que a história corresponda a outras regras", digo, lembrando-me de ter lido recentemente uma introdução de Andrea Zanzotto em que essa ideia é aplicada ao *Cancioneiro* de Petrarca, "como a proposta de um espaço e de um tempo diversos, a demonstração de que o domínio total da turbulência e do furor pode ser posto em crise..."

O grupo chegou a um leito de pedras gastas e arredondadas, cinza-claras e cinza-escuras, que continuam sob a água verde do laguinho, como gozando de sua transparência.

"Estas pedras", explica o cicerone, "foram trazidas aqui três séculos atrás de todas as regiões do Japão. O imperador recompensava com um saco de arroz quem lhe trazia um saco de pedras."

O estudante balança a cabeça e engole seco. Evocada por aquelas palavras, parece visível a fila de camponeses curvos sob os sacos de pedras a serpentear por pontes e alamedas. Depõem as cargas transportadas de áreas longínquas diante do imperador que observa pedra por pedra, depositando uma sob a água, outra no alto da orla, e descartando a maioria. Enquanto isso, os encarregados se desdobram ao redor das balanças: num prato, as pedras, no outro, o arroz...

26. O TEMPLO DE MADEIRA

No Japão, o que é produto da arte não esconde nem corrige o aspecto natural dos elementos de que é formado. Aí está uma constante do espírito nipônico que os jardins ajudam a compreender. Nos edifícios e nos objetos tradicionais sempre são reconhecíveis os materiais de que são feitos, assim como na culinária. A cozinha japonesa é uma composição de elementos naturais que visa sobretudo a realizar uma forma visual, e esses elementos chegam à mesa conservando em grande parte seu aspecto de origem, sem ter sofrido as metamorfoses da cozinha ocidental, para a qual um prato é tanto mais uma obra de arte quanto mais seus ingredientes forem irreconhecíveis.

No jardim, os vários elementos são postos juntos segundo critérios de harmonia e critérios de significado, como as palavras num poema. Com a diferença de que essas palavras vegetais mudam de cor e de forma ao longo do ano, e mais ainda com o passar dos anos: mutações calculadas em todo ou em parte ao se projetar o poema-jardim. Depois as plantas morrem e são substituídas por outras semelhantes, dispostas nos mesmos lugares: com o passar dos séculos, o jardim é continuamente refeito, mas permanece sempre o mesmo.

E esta é outra constante posta em evidência pelos jardins: no Japão a antiguidade não tem sua substância ideal na pedra, como no Ocidente, onde um objeto ou um edifício só é considerado antigo caso se conserve materialmente. Aqui estamos no universo da madeira: o antigo é aquilo que perpetua seu desenho através do contínuo destruir-se e renovar-se dos elementos perecíveis. Isso vale tanto para os jardins quanto para os templos, os palácios, as vilas e os pavilhões, todos em madeira, todos muitas vezes devorados pelas chamas dos incêndios, muitas vezes mofados e apodrecidos ou feitos em pó pelos cupins, mas a cada vez recompostos parte por parte: os tetos de estratos de casca de cipreste prensada, que são refeitos a cada sessenta anos, os troncos das pilastras e do vigamento, as paredes de tábuas, os telhados de bambu, os pavimentos recobertos de tapetes (os indefectíveis tatames, unidade de medida da superfície dos interiores).

Na visita aos edifícios plurisseculares de Kyoto, o cicerone assinala a cada quantos anos é substituída essa ou aquela estrutura da construção: a caducidade das partes ressalta a antiguidade do conjunto. Surgem e caem as dinastias, as vidas humanas, as fibras dos troncos; o que perdura é a forma ideal do edifício, e não importa se cada porção de seu suporte material foi retirada e trocada inúmeras vezes, e se as mais recentes ainda cheiram a madeira recém-aplainada. Assim, o jardim continua sendo o jardim desenhado cinquenta anos atrás por um arquiteto-poeta, ainda que cada planta siga o curso das estações, das chuvas, do gelo, do vento; assim os versos de uma poesia são transmitidos no tempo, enquanto o papel das páginas nas quais serão vez a vez transcritos se desfaz em pó.

O templo de madeira marca o cruzamento de duas dimensões do tempo; mas para chegar a entendê-lo devemos afastar do pensamento palavras como "o ser e o devir", porque se tudo se reduz à linguagem da filosofia do mundo de onde partimos não valeria a pena ter feito tanta estrada. O que o templo de madeira nos pode ensinar é isto: para entrar na dimensão do tempo contínuo, único e infinito, o único caminho é passar através de seu contrário, a perpetuidade do vegetal, o tempo fragmentado e múltiplo do que se alterna, se dissemina, brota, resseca ou apodrece.

Mais que os templos cheios de estátuas, de alta estrutura em pagode, atraem-me as construções baixas e os interiores guarnecidos apenas de tapetes, que geralmente correspondem a edifícios profanos, vilas ou pavilhões, mas também em alguns casos a templos ou santuários que convidam a uma meditação abstrata, ou a uma concentração incorpórea. Assim é o templo chamado Pavilhão de Prata, ágil construção de madeira em dois andares à margem de um pequeno lago, com uma única estátua (a Kannon, encarnação feminina de Buda) num ambiente para a meditação zen chamado Sala do Esvaziamento da Alma. Assim é o templo Manju-in, que um incompetente como eu julgaria que é zen, mas não é: um templo que parece uma mansão de muitas salas baixas, quase vazias, com os tatames, os vasos de ikebana (que nesta estação apresentam ramos de pinho e camélias, estrelítzias e camélias, e outras combinações de outono), poucas e discretas estátuas e muitos jardinzinhos ao redor.

O templo de madeira atinge sua perfeição quanto mais despojado e sem adornos é o espaço que o acolhe, pois bastam a matéria de que é construído e a facilidade com que se pode desfazê-lo e refazê-lo igual a antes para demonstrar que todas as partes do universo podem cair uma a uma, mas que há algo que resta.

27. OS MIL JARDINS

Uma trilha de placas de pedra irregulares se desenrola por toda a extensão da vila imperial de Katsura. À diferença de outros jardins de Kyoto feitos para a contemplação imóvel, aqui a harmonia interior se alcança seguindo a senda passo a passo e passando em revista as imagens que se apresentam aos olhos. Se em outros lugares a trilha é só um meio, e são os lugares a que ela conduz que seduzem nosso pensamento, aqui a razão essencial do jardim é o percurso, o fio de seu discurso, a frase que confere significado a cada palavra sua.

Mas quais significados? A trilha aquém da cancela é feita de placas lisas e, além, de pedras ásperas: seria o contraste entre civilização e natureza? Lá, a trilha se bifurca num braço reto e noutro torto; o primeiro se interrompe num ponto morto, o segundo segue adiante: seria uma lição sobre o modo de mover-se no mundo? Qualquer interpretação nos deixa insatisfeitos; se há uma mensagem, é a que se colhe nas sensações e nas coisas, sem as traduzir em palavras.

As pedras que emergem em meio ao musgo são planas, destacadas umas das outras, dispostas na distância certa para que quem caminhe ali sempre possa ter uma sob os pés a cada passo; e é justamente por obedecerem à medida dos passos que as pedras comandam os movimentos do homem em marcha, obrigando-o a um andamento calmo e uniforme, guiando seu caminho e suas paradas.

■ *ITALO CALVINO*

Cada pedra corresponde a um passo, e a cada passo corresponde uma passagem estudada em todos os detalhes, como um quadro; o jardim foi predisposto de modo que, de passo em passo, o olhar encontre perspectivas diferentes, uma harmonia diversa nas distâncias que separam o arbusto, a lanterna, o bordo, a ponte curva, o riacho. Ao longo do percurso o cenário muda completamente várias vezes, da folhagem densa à clareira esparsa de rochas, do laguinho com cascata ao laguinho de águas mortas; e cada cenário, por sua vez, se decompõe nas tangentes que ganham forma ao mínimo deslocamento: o jardim se multiplica em jardins inumeráveis.

A mente humana possui um misterioso dispositivo, capaz de nos convencer de que aquela pedra é sempre a mesma pedra, embora sua imagem — por pouco que desloquemos nosso olhar — mude de forma, de dimensão, de cor, de contornos. Cada fragmento isolado e limitado do universo se espedaça numa multiplicidade infinita: basta girar ao redor desta baixa lâmpada de pedra e ela se transforma numa infinidade de lâmpadas de pedra; o poliedro perfurado e manchado de líquenes se desdobra, quadruplica e sextuplica, torna-se um objeto completamente diverso segundo o lado que se encontra sob seu olhar, segundo sua proximidade ou distância.

As metamorfoses que o espaço produz se juntam àquelas geradas pelo tempo: o jardim — cada um dos infinitos jardins — muda com o passar das horas, das estações, das nuvens no céu. Os imperadores que idearam Katsura instalaram plataformas de hastes de bambu para assistirem em abril ao desabrochar das flores de pessegueiro, ou ao avermelhar-se das folhas de bordo em novembro, e construíram quatro pavilhões para o chá, um para cada estação, cada um voltado para uma paisagem ideal num momento do ano; cada paisagem ideal de uma estação tem uma hora do dia ou da noite que é seu momento ideal. Mas as estações são quatro, e as horas rodam entre meio-dia e meia-noite. O tempo com seus regressos afasta a ideia do infinito: é um calendário de momentos exemplares, que se repetem ciclicamente e que o jardim tenta fixar num certo número de lugares.

E o espaço, então? Se há uma correspondência entre os pontos de vista e as passadas, se toda vez que se avança o pé direito ou esquerdo sobre a pedra sucessiva se abre uma perspectiva estabelecida por quem projetou o jardim, então a infinidade dos pontos de vista se restringe a um número finito de vistas, cada uma destacada daquela que a antecede e a sucede, caracterizada por elementos que a distinguem das outras, uma série de modelos precisos que respondem cada qual a uma necessidade e a uma intenção. E a trilha é isto mesmo: um dispositivo para multiplicar o jardim, sem dúvida, mas também para subtraí-lo à vertigem do infinito. As pedras lisas que compõem a trilha da vila de Katsura perfazem um número de 1716 — esta cifra, que descobri num livro, me parece verossímil, considerando-se duas pedras por meio metro numa extensão total de meia milha —, portanto o jardim é percorrido em 1716 passos e é contemplado de 1716 pontos de vista. Não há razão para nos deixarmos tomar pela angústia: pode-se ver aquela touceira de bambu por um certo número de perspectivas diversas, nem mais nem menos, variando o claro-escuro entre os fustes ora mais espaçados, ora mais densos, experimentando sensações e sentimentos distintos a cada passo, uma multiplicidade que agora tenho a impressão de poder controlar sem ser submerso por ela.

O caminhar pressupõe que a cada passo o mundo mude em algum aspecto e que algo também mude em nós. Por isso os antigos mestres de cerimônia do chá decidiram que, para alcançar o pavilhão onde ele será servido, o convidado percorra uma trilha, detenha-se num banco, olhe as árvores, atravesse uma cancela, lave as mãos numa bacia escavada na rocha, siga o caminho traçado pelas pedras lisas até a simples cabana que é o pavilhão do chá, até sua porta muito baixa, onde todos devem inclinar-se para entrar. Na sala, somente tapetes pelo chão, uma mesinha com xícaras e chaleira de finíssima fatura, um vão na parede — o *tokonoma* — onde é exposto um objeto precioso,

■ *ITALO CALVINO*

ou um vaso com dois ramos em flor, ou uma pintura, ou uma folha repleta de caligramas. É limitando o número de coisas em nosso entorno que somos preparados para acolher a ideia de um mundo infinitamente mais amplo. O universo é um equilíbrio de cheios e de vazios. Palavras e gestos ao servir o chá espumante devem ter espaço e silêncio ao redor, mas também o senso de recolhimento, de limite.

A arte do mais importante mestre de cerimônia do chá, Sen-no Rikyu (1521-91), sempre inspirada na máxima simplicidade, expressou-se também no projeto de jardins em volta das casas de chá e dos templos. Os acontecimentos interiores se apresentam à consciência por meio de movimentos físicos, gestos, percursos, sensações inesperadas.

Um templo próximo a Osaka tinha uma vista maravilhosa sobre o mar. Rikyu fez plantar duas sebes que escondiam completamente a paisagem e, perto delas, fez pôr um pequeno bebedouro de pedra. Somente quando um visitante se inclinava sobre o bebedouro para pegar um pouco de água com a concha das mãos, seu olhar deparava a fresta oblíqua entre as duas sebes, abrindo-se a ele a visão do mar sem fim.

A ideia de Rikyu provavelmente era esta: inclinando-se sobre o bebedouro e vendo a própria imagem reduzida naquele limitado espelho d'água, o homem considerava a própria pequenez; depois, assim que erguia o rosto para beber da mão, o clarão da imensidade marinha o colhia e ele adquiria a consciência de ser parte do universo infinito. Mas são coisas que, se quisermos explicar demais, empalidecem: a quem o interrogava sobre o porquê da sebe, Rikyu se limitava a citar os versos do poeta Sogi:

> Aqui o pouco d'água.
> Lá embaixo, longe, entre as árvores,
> O mar que não acaba.

("Umi sukoschi/ Niwa ni izumi no/ Ko no ma ka na").

28. A LUA CORRE ATRÁS DA LUA

Há nos jardins zen de Kyoto uma areia branca de grãos grossos, quase um pedrisco, que tem o dom de refletir os raios da lua. No templo Ryoanji essa areia, alisada pelos monges em sulcos retos e paralelos ou em círculos concêntricos, forma um pequeno jardim ao redor de cinco grupos irregulares de rochas baixas. Já no templo do Pavilhão de Prata a areia é disposta num montinho arredondado, isolado, com um corpo cônico que se alarga numa planície penteada em ondas regulares. Mais além se estende um movimentado jardim de arbustos e árvores, ao redor de um laguinho de aspecto selvagem. Nas noites de plenilúnio todo o jardim se ilumina com o brilho prateado da areia. Visitei o Pavilhão de Prata apenas de dia, e debaixo de chuva; mas aquele pedrisco branco encharcado de água parecia restituir a luz lunar armazenada; uma espécie de semelhança especular com a nascente daquela luz parecia custodiada por aquelas formas emergentes do branco, por aquele vulcão ensopado como uma esponja, sob as trajetórias das gotas que desciam retas que nem raios de lua sobre os traços alinhados do ancinho que um monge redesenha toda manhã.

O amor pela lua muitas vezes se desdobra em amor pelo seu reflexo, como sublinhando naquela luz refletida a vocação para os jogos de espelho. Das quatro casas de chá da vila Katsura de Kyoto, do século XVI, uma para cada estação, diversamente expostas e caracterizadas por diferentes paisagens, a

187

do outono está situada de modo a ver a lua no momento em que ela surge e usufruir seu reflexo sobre o pequeno lago.

Esse fascínio pela duplicação, precisamente da imagem lunar, talvez esteja na origem do poema de um curioso poeta da primeira vanguarda novecententista do Japão, Tarufo Inagachi. Até numa tradução palavra por palavra esse poema nos parece deixar intuir (como num reflexo, de fato) algo de seu impulso fantástico. Seu título é "A lua no bolso".

"Numa noite, a lua caminha pela estrada levando a si mesma dentro do bolso. Na ladeira, solta-se um laço do seu sapato. A lua se inclina para amarrar o sapato e lhe escapa do bolso a lua, que se põe a rolar veloz pela via asfaltada e molhada pela chuva repentina. A lua corre atrás da lua, mas a distância cresce devido à aceleração da gravidade da lua que rola. E a lua perde a si mesma na névoa azulada, no fundo da ladeira."

29. A ESPADA E AS FOLHAS

No Museu Nacional de Tóquio há uma exposição de armas e armaduras do antigo Japão. A primeira impressão é que os elmos, as couraças, os escudos e as espadas tivessem por primeiro objetivo não o de defender ou golpear, mas meter medo, impor uma imagem aterrorizante aos adversários.

As máscaras de guerra se contorcem em caretas cruéis e ameaçadoras sob os elmos encimados por chifres, nadadeiras e asas de grifo sobre couraças suntuosas, que incham o tórax repleto de adornos e de pontas.

Quem, como eu, sente o alegre distanciamento épico de um leitor de poemas cavalheirescos ao frequentar as salas de armas renascentistas do Ocidente (a grande cavalgada da sala das armaduras do Metropolitan Museum de Nova York é para mim uma das maravilhas do mundo), aqui, pela primeira vez, pensa nesses objetos não como fantasiosos brinquedos, mas tendo em vista a mensagem que eles queriam transmitir *em situação*, isto é, como hoje se olharia um tanque de guerra num campo de batalha. Minha reação é imediata: começo a fugir.

Percorro salas e salas de vitrines em que estão expostas lâminas nuas de espadas ou variados sabres recurvos, de ferros temperados e reluzentes, afiadíssimos, sem empunhadura, todos pousados sobre uma toalha branca. Lâminas e lâminas e lâminas que me parecem todas iguais, mas que trazem cada uma etiquetas com longas explicações. Grupos de visitantes param diante de cada vitrine e observam espada por espada, com olhos atentos e admirados.

A maioria é composta de homens; mas é domingo, o museu está lotado de famílias; e os que contemplam as espadas são também mulheres e crianças. O que veem nesses facões desembainhados? O que os fascina? Minha visita à exposição avança quase em ritmo de corrida; o brilho do aço transmite uma sensação mais auditiva que visual, como rápidos sibilos cortantes no ar. Os drapeados brancos me inspiram uma repulsa cirúrgica.

No entanto, sei perfeitamente que a arte da espada no Japão é uma antiga disciplina espiritual; li os livros sobre zen-budismo do dr. Suzuki; lembro que o perfeito samurai nunca deve fixar sua atenção na espada do adversário, nem na própria, nem no golpe, nem na defesa, mas deve apenas anular o próprio eu; que não é com a espada, mas com a não espada que se vence; que os mestres forjadores de espadas atingem a excelência de sua arte por meio da ascese religiosa. Sei bem tudo isso; mas uma coisa é ler nos livros, e outra é compreender na vida.

Poucos dias depois, aqui estou em Kyoto: passeio pelos jardins que foram percorridos por poetas refinados, por imperadores filósofos, por monges eremitas. Entre as pontes arqueadas sobre riachos, os salgueiros chorões que se espelham nos charcos, os campos de musgo, os bordos de folhas rubras em forma de estrela, eis que me voltam à mente as máscaras guerreiras de caretas assustadoras, o pesa daqueles guerreiros gigantescos, o fio cortante daquelas lâminas.

Olhando as folhas amarelas que caem na água, lembro-me de um apólogo zen que só agora tenho a impressão de entender.

O discípulo de um grande forjador de espadas acreditava ter superado o mestre. Para provar quanto suas lâminas eram afiadas, imergiu uma espada num riacho. As folhas mortas levadas pela correnteza, passando no fio da espada, eram cortadas em duas no ato. O mestre imergiu no riacho uma espada feita por ele. As folhas fugiam, evitando a lâmina.

30. OS FLIPERAMAS DA SOLIDÃO

A inscrição *pachinko* em caracteres latinos indica em Tóquio e em qualquer cidade japonesa as casas de jogos eletrônicos ou fliperamas, que se distinguem dos americanos e europeus porque são verticais, dispostos em fila, um colado no outro, e se joga sentado.

A julgar pelo número de locais e pela frequência de público em todos os horários, dir-se-ia que o *pachinko* é hoje a grande paixão japonesa. As salas são decoradas com cores do arco-íris, dentro e fora, iluminadas por tubos de neon e lampadazinhas coloridas que acendem e apagam. As musiquetas difundidas pelos alto-falantes se harmonizam com esse excesso visual. Mas, se não fosse pela agressividade cromática e acústica, nem perceberíamos que se trata de um local de diversão, com todas essas filas de pessoas sentadas em bancos, cada qual diante de sua vitrinezinha vertical como numa baia de trabalho, os olhos fixos nos estalos da máquina luminosa, manobrando os botões com gestos de autômato. A impressão que se tem é a de um pavilhão de fábrica, ou de um escritório todo feito de dispositivos eletrônicos, no pico de seu horário produtivo.

Entre nós os fliperamas, seja nos bares ou nas casas de jogos, estão quase sempre circundados por grupos de jovens, num campo de desafios, apostas e gozações recíprocas. Aqui a impressão que fica é a de uma apinhada solidão, ninguém parece conhecer ninguém, cada um está absorvido em seu jogo, olhos fixos em seu labirinto de setas, ignorando o vizinho da direita e da esquerda, cada um como se estivesse murado numa cela invisível, isolado na própria obsessão ou pena. Os *pachinkos* estão quase em todos os lugares, nos diversos centros da policêntrica Tóquio assim como nas várias periferias, mas especialmente nos bairros da vida noturna. Em meio aos nightclubs, às pizzarias de cores italianas, aos stripteases, aos bares, aos *poruno-shop* (a palavra *pornô* é adaptada à pronúncia japonesa), ao cheiro de enguia crua ou frita no óleo de soja, no coração deste mundo barulhento os *pachinkos* se abrem como jardins metálicos de uma absorta concentração de indivíduos.

Os frequentadores são na maioria homens, de todas as idades; mas de manhã, quando os letreiros dos bairros noturnos estão apagados, apenas os arcos-íris dos *pachinkos* continuam iluminados, e um novo público se apossa dos fliperamas: as boas donas de casa com a sacola de compras. Mulheres de meia-idade e sobretudo velhotas, vestindo quimonos de cores cambiantes com grandes borlas nas costas, tamancos sobre meias brancas, que se sentam diante das maquininhas, apoiam ao lado as sacolas de onde despontam aipos e batatas doces, e com muita rapidez, como se manobrassem uma máquina de costura ou um tear elétrico, dedicam aos saltos das esferas uma atenção calma e comprazida.

A vida noturna de Tóquio se expande por diversos bairros: Ginza, Shibuya, Shinjuku, do mais elegante ao mais popular. Quase se diria que meia metrópole não tem outro objetivo senão divertir a outra metade.

Os restaurantes onde se come o caranguejo são destacados por letreiros que poderiam ser vistos como extraordinárias obras de arte pop: um caranguejo gigantesco ocupa toda a fachada da casa, movendo as pernas e as pinças em todas as articulações e erguendo ritmicamente os olhos proeminentes. Mas as fachadas mais exuberantes são as dos cafés, considerados o máximo do ocidentalismo. E o que há de mais ocidental que um castelo inglês? É por isso que os cafés — geralmente de dois andares ou mais — têm fachadas de um maneirismo medieval e trazem nomes que, para criar uma atmosfera inglesa, produzem redundâncias como "The Mansion House".

O milagre comentado por todos em Tóquio, e com o qual seus habitantes não param de espantar-se, é que esta metrópole superpovoada tenha um índice mínimo de delinquência, que a violência seja rara e que as mulheres possam sair sozinhas a qualquer hora, mesmo nesses bairros noturnos, sem serem molestadas (exceto por algum bêbado).

É verdade que a vida noturna acaba cedo; à meia-noite todos os locais fecham, pois assim está previsto na lei deste país que sempre praticou a austeridade. (Ficam abertos apenas os locais classificados como "clubes privados", ou seja, muito caros.) O problema dos transportes se incumbe do resto. Já às dez da noite os locais se esvaziam, nightclubs e pizzarias, cinemas e *pachinkos*, porque grande parte do público mora em subúrbios afastados e tem duas horas de viagem pela frente, não pode perder o último metrô ou o último trem e precisa dormir cedo para enfrentar no dia seguinte, ao amanhecer, mais duas horas de trem para ir ao trabalho.

31. EROS E DESCONTINUIDADE

Algumas reflexões sobre as gravuras eróticas japonesas. Nelas a figura humana aparece formada por três elementos bem distintos:

1. os rostos concentrados, absortos numa espécie de olhar interior;
2. os corpos de contornos traçados com linhas soltas e nítidas e superfícies sem cor evocam uma pele clara e uma carne macia, sem músculos — sem diferença entre homem e mulher;
3. os órgãos sexuais representados com uma técnica muito mais minuciosa, um efeito tridimensional (desenhados com muitas linhas e cores escuras) que consegue mostrar tudo: pelos, grandes lábios, às vezes até o interior do sexo feminino, e o membro viril como uma víscera túrgida; um distanciamento estilístico do conjunto do desenho que revela nos órgãos sexuais uma natureza completamente diversa, independente do resto da pessoa, e uma ferocidade selvagem.

A descontinuidade desses aspectos é sublinhada pelo fato de que os corpos são parcialmente drapejados com indumentos ou mantas, escondendo detalhes do emaranhado de membros que se enlaçam e se sobrepõem, de modo que a primeira operação de nossa "leitura" nada instantânea é reconhecer a que pessoa pertence esse ou aquele elemento.

Tal ecletismo estilístico parece feito justamente para dar conta da coexistência, no amor físico, de fatores estético--emotivos muito diversos que agem simultaneamente.

32. A NONAGÉSIMA NONA ÁRVORE

As histórias de qualquer templo e de qualquer palácio se entrecruzam com as vicissitudes dinásticas e com os códigos das seitas budistas. Dados um tanto rasos e dificilmente memorizáveis chegam aos meus ouvidos pela voz de guias e cicerones. Entretanto, antes que o estudante que me acompanha como intérprete as condensasse numa frase inteligível, mas pobre de apelo emotivo, aquelas histórias já tinham sido relatadas numa narrativa fascinante, calorosa e exclamativa pelo motorista do táxi, que infelizmente só falava japonês.

O táxi que foi posto à disposição do hóspede durante sua permanência em Kyoto é guiado por um homenzinho redondo, dinâmico e risonho, o sr. Fuji, que tira do câmbio a mão enluvada de branco (os taxistas japoneses sempre usam luvas brancas) para indicar pontos das localidades atravessadas que remetem a episódios famosos, enfatizando-os com gestos entusiásticos. É ele quem sabe tudo da história desta antiga capital, das cortes que aqui e na vizinha Nara se sucederam por doze séculos; é ele a enciclopédia da erudição local, mas também o aedo, o rapsodo de um mundo desaparecido, sepultado sob o espesso invólucro do presente.

O táxi atravessa uma ininterrupta periferia de estacionamentos, supermercados, magazines, postos de gasolina cujas conhecidas siglas surgem entre caracteres indecifráveis, galpões de fábricas, campos de beisebol, filas de lojas, mercados de carros usados, casas de fliperama. Só os bordos que despontam com suas folhas vermelhas onde menos se espera, só alguns telhados com suas tradicionais asas côncavas fazem lembrar que o Japão é um país "diferente".

De repente o sr. Fuji se entusiasma, indica um ponto invisível entre as antenas de tevê e diz que lá, mil anos atrás, se avistava um palácio real, ou que um poeta passeava na beira de um lago. O abismo que se escancara entre as cenas evocadas e aquilo que se vê agora não parece perturbá-lo: o nome articula o espaço com o tempo, aquele ponto no mapa desarranjado continua depositário do mito.

A história que ele conta agora trata de um imperador apaixonado por uma dama belíssima e altiva, que habitava ali (atrás daquele posto de serviços?). Para pô-lo à prova, a dama disse que ele deveria vir cem vezes para declarar seu amor, e somente na centésima vez ela o aceitaria. O imperador voltava para ela todos os dias, deslocando-se de seu distante palácio (para lá daquele gasômetro?), e todo dia plantava uma árvore diante da casa da bela arrogante. Assim chegou a plantar noventa e nove árvores. Mais uma visita, e a bela seria sua...

Naquele ponto, demonstrada a constância de seus sentimentos, já seguro da vitória ao alcance da mão, o imperador decidiu retirar-se, renunciar, e não apareceu mais ali. As árvores cresceram e viraram um bosque, o Bosque das Noventa e Nove Árvores, como é chamado ainda hoje.

O olhar vagueia sobre um horizonte de cimento e asfalto. Mas o táxi enveredou por uma estradinha entre pátios cheios de caixas. Lá está uma árvore enorme, verde, altíssima, uma árvore de espécie desconhecida, de folha múltipla e miúda. Uma velha tabuleta informa que se trata da última remanescente do Bosque das Noventa e Nove, talvez justamente a nonagésima nona, demonstrando que a geografia do passado sublime, cara ao sr. Fuji, tem de fato uma relação com a do presente prosaico, e as raízes plantadas num terreno de investimentos a fundo perdido ainda alimentam os ramos que contemplam um mundo de balanços todos em ativo, de operações que não podem fechar no vermelho.

197

MÉXICO

33. A FORMA DA ÁRVORE

No México, perto de Oaxaca, há uma árvore que dizem ter 2 mil anos de idade. É conhecida como "a árvore de Tule". Aproximando-me depois de descer do ônibus de turismo, antes mesmo que o olho divise, sou tomado por uma sensação de ameaça: como se daquela nuvem ou montanha vegetal que se desenha em meu campo visivo viesse a percepção de que aqui a natureza, a passos lentos e misteriosos, aplicou-se a levar a cabo um plano que não tem nada a ver com as proporções e dimensões humanas.

Já estou para soltar uma exclamação de maravilha, confrontando minha visão com o conceito de árvore que até então me servira para unificar todas as árvores empíricas que encontrei, quando me dou conta de que aquilo que estou vendo não é a árvore famosa, mas uma outra da mesma estirpe, crescida não distante, com certeza um pouco mais jovem e um pouco menos mastodôntica, já que a guia nem fala dela. Viro-me: a árvore de Tule propriamente dita surge diante de mim, de repente, como se tivesse despontado naquele momento. E é uma impressão bem diversa daquela para a qual me preparara. A extensão quase esférica da copa que domina a desmesurada amplitude do tronco faz a árvore parecer quase atarracada. Antes que a altura, é a massa que se impõe ao olho.

"A árvore de Tule" mede quarenta metros de altura, diz a guia, e 42 metros de perímetro. Seu nome botânico é *Taxodium distichum*; o nome mexicano, *sabino*.

■ *ITALO CALVINO*

Pertence à família dos ciprestes, mas não se parece nem um pouco com um cipreste; é mais como uma sequoia, se isso pode servir para dar uma ideia. A árvore supera uma igreja do período colonial, Santa María del Tule, branca com frisos geométricos vermelhos e azuis, como num desenho infantil. Os fundamentos da igreja correm o risco de ser destruídos pelas raízes da árvore.

Ao visitar o México, todo dia nos vemos indagando ruínas, estátuas e baixos-relevos pré-hispânicos, testemunhos de um inimaginável "antes", de um mundo irredutivelmente "outro" em relação ao nosso. E eis que aqui está uma testemunha que ainda vive e que já vivia antes da Conquista, aliás, antes ainda que se sucedessem nos altiplanos os olmecas, zapotecas, mixteques e astecas.

No Jardin des Plantes de Paris sempre observei com maravilha o corte de um tronco de sequoia quase da mesma idade, exposto como um compêndio da história universal: os grandes fatos históricos de 2 mil anos atrás até hoje estão assinalados em pequenas placas de cobre pregadas nos círculos concêntricos da madeira, datados segundo as épocas correspondentes. Porém, enquanto aquilo é um resquício de uma planta morta, isto, a árvore de Tule, é um ser vivo, que mal dá sinais de fadiga ao drenar a linfa para as folhas. (Para compensar a aridez da terra, alimentam-na com injeções de água nas raízes.) Com certeza é o mais antigo ser vivo que me aconteceu de encontrar.

Desvio-me dos turistas japoneses que, caminhando de costas ou se agachando, tentam enquadrar o colosso em suas objetivas, me aproximo do tronco e giro ao redor dele para descobrir o segredo de uma forma viva que resiste ao tempo. E minha primeira sensação é a de uma ausência de forma: é um monstro que cresce — dir-se-ia — sem nenhum plano, o tronco é uno e múltiplo, como enfeixado por colunas de outros troncos menores que sobressaem do mastodôntico fuste central ou se destacam dele, quase como se quisessem parecer raízes aéreas descidas dos galhos para reencontrar mais uma vez a terra, quando

202

na verdade são proliferações das raízes terrestres crescidas para o alto. O tronco parece unificar em seu perímetro atual uma longa história de incertezas, geminações, desvios. Como barcas que não conseguem ir ao largo, brotam do tronco travejamentos horizontais decepados há mil anos, quando estavam dando vida a uma bifurcação da planta e depois perderam toda memória daquela sua primeira intenção para se tornarem curtas protuberâncias gibosas. De cotovelos e joelhos de galhos sobrevividos à queda em épocas remotas continuam se destacando ramos secundários, anquilosados numa incômoda gesticulação. Nós e feridas continuaram a dilatar-se, os primeiros proliferando em inchaços e concreções, as segundas expandindo suas bordas laceradas e impondo sua singularidade como o sol em torno do qual se irradiam as gerações das células. E acima de tudo isso, espessada, calejada, crescida sobre si mesma, a continuidade da casca que revela todo o seu cansaço de pele decrépita e ainda a eternidade daquilo que alcançou uma condição tão pouco vivente que já não pode morrer.

Quer dizer que o segredo da duração é a redundância? Certamente é repetindo inumeráveis vezes as próprias mensagens que a árvore se garante contra a contínua sucessão de acidentes mortais que atingem cada uma de suas partes, conseguindo desse modo impor e perpetuar sua estrutura essencial, a interdependência de raízes, tronco e fronde. Mas aqui estamos além da redundância; o que me preocupa enquanto giro ao redor da árvore de Tule é a disponibilidade da morfologia em mudar os próprios papéis, é a perturbação da sintaxe vegetal: raízes que rumam para o alto, segmentos de galhos que se tornam troncos, segmentos de troncos nascidos da gema de um galho. No entanto, o resultado — visto a distância — continua sendo uma árvore, uma superárvore com raízes, tronco e copa postos nos lugares certos — super-raízes, supertronco, supercopa —, como se a sintaxe transtornada se restabelecesse num nível superior.

É por meio de um caótico desperdício de matéria e de formas que a árvore consegue dar a si mesma uma forma e conservá-la? Quer dizer que a transmissão de um sentido se assegura na imoderação do manifestar-se, na profusão do exprimir a si mesmo, do pôr para fora, seja lá como for? Por temperamento e formação, sempre considerei que só importa e resiste aquilo que está concentrado para um fim. Ora, a árvore de Tule me desmente, quer convencer-me do contrário.

A entrevista com a árvore deveria começar agora, mas os turistas japoneses já tiraram seus inúteis fotogramas e pararam de formigar em volta do gigante. E eu também devo retomar meu lugar no ônibus que parte para as ruínas mixteques de Mitla.

34. O TEMPO E OS RAMOS

Sempre em Oaxaca, outra extraordinária árvore mexicana, mas esta de estuque pintado, numa igreja dominicana do século XVII. Trata-se de uma decoração em relevo da abóbada da igreja de São Domingos, sobre o tema da árvore genealógica de Cristo, a árvore de Jessé (Jessé, pai de Davi, de cuja estirpe, segundo os profetas, devia nascer o Messias), um motivo que na história da arte frequentemente se identifica com o da Árvore da Vida (que parte de Adão e liga a Queda e a Redenção por meio da continuidade da madeira da Árvore e da Cruz).

Um tronco sutil e retorcido nasce do corpo de uma personagem que jaz supina e se ramifica recobrindo circularmente a abóbada com um harmônico entrelace de volutas vegetais, de onde se destacam personagens em relevo como cachos de um ramo (a planta também traz verdadeiros cachos e pâmpanos, o que nos autoriza a reconhecê-la como uma videira). As personagens despontam coloridas do reboco branco: reis com coroas de ouro, bispos com a mitra, guerreiros com armaduras e elmos empenachados como fantoches sicilianos, cavalheiros com amplos coletes seiscentistas. De figuras femininas parece que só há um par, sendo uma delas freira. O cume da árvore, para onde toda a copa converge, sustenta — contornada por cabeças de anjos — Nossa Senhora com o Menino.

Identificar as personagens não é fácil: se isso quer ser realmente uma "árvore de Jessé", então talvez o ancestral deitado seja Davi, e um dos reis deve ser Salomão. Mas as figuras são estereotipadas e atemporais em sua vestimenta entre medieval e barroca, e também a ordem talvez seja arbitrária: nos Evangelhos, a genealogia de Cristo vai de pai a filho segundo uma linha única, ao passo que aqui o tronco retorcido articula diretamente a figura da raiz à do cume, e todas as outras personagens despontam em variadas alturas nos ramos laterais, como gerações de irmãos. Desde que o andamento ascensional da videira não leve a ler a sucessão de um modo mais livre, seguindo um traçado sinuoso.

Já de acordo com alguns guias, a figura na raiz seria são Domingos, e aquelas nos galhos seriam glórias da ordem dominicana (mas então todos não deveriam vestir roupas eclesiásticas?), cuja fé converge para a graça divina. Seja qual for a interpretação iconológica exata, o sentido do desenho arbóreo é claro e de uma eficácia visual imediata: trata-se de articular um ponto de partida a um ponto de chegada, ambos sagrados e necessários, por meio de uma exuberância de formas de vida que de algum modo também correspondem a um desígnio harmônico, segundo a intenção da providência divina ou da arte humana que quer representá-la.

A profusão barroca das frondes é uma redundância aparente, porque a mensagem transmitida está justamente nessa profusão, e não se pode omitir ou acrescentar uma folha nem uma figura nem um cacho. Ou seja, quem são e como se chamam as personagens do relevo de estuque importa até certo ponto: o que conta é o que se cumpre por meio delas.

A árvore de Tule, produto natural do tempo, e a árvore de Jessé, produto da necessidade humana de conferir uma finalidade ao tempo, são apenas aparentemente redutíveis a um esquema comum. Encontrando-as na mesma jornada de meu itinerário turístico, sinto estender-se entre elas a distância entre o acaso e o desígnio, a probabilidade e a determinação, a entropia e o sentido da história.

Mais que à árvore de Jessé, uma árvore genealógica que

COLEÇÃO DE AREIA ■

quisesse realmente representar aquele processo de procriações e de mortes que é a sobrevivência humana deveria assemelhar-se a uma árvore verdadeira, com suas ramificações contorcidas e desarmônicas, seus cotos, sua secura e seu verde, as podaduras do acaso e da história, seu desperdício de matéria viva. Ou melhor, deveria assemelhar-se precisamente à árvore de Tule, onde não está claro o que é raiz, o que é tronco, o que é ramo.

Mas as árvores genealógicas são sempre simplificações a posteriori, feitas segundo uma linha privilegiada, geralmente a sucessão de um título ou de um nome. Em certos castelos franceses, na banca dos cartões-postais vendem-se árvores genealógicas dos reis de França para que os turistas possam orientar-se nas complicadas peripécias de que aqueles lugares foram testemunha. Do cepo comum dos Capeto se bifurcam os ramos dos Valois, de uma parte, e dos Bourbon, de outra, com os vários Angoulême e Orléans como ramificações secundárias, num esquema arbóreo bastante assimétrico e forçado.

Uma autêntica árvore genealógica deveria alargar as próprias ramificações tanto para o presente quanto para o passado, porque a cada matrimônio deveria figurar a fusão de duas plantas, da qual resultaria um emaranhado intricadíssimo que se expandiria para todos os lados, para interromper-se na franja irregular das extinções. Um arbusto cujas ramificações ora se expandem, ora se contraem, porque numa determinada área geográfica as famílias voltam a misturar-se a cada casamento, sempre as mesmas. A forma da árvore seria reconstituída remontando às raízes do gênero humano, como para Adão e Eva na iconologia cristã? Para a antropologia contemporânea essas raízes devem ser buscadas cada vez mais longe, a uma distância de milhões de anos, e espalhadas pelos continentes. (Aquilo que parece aproximar-se é o fim, o corte de todos os ramos um a um ou todos juntos, a iminência da catástrofe demográfica, alimentar, tecnológica...)

35. A FLORESTA E OS DEUSES

Em Palenque, os altíssimos templos escalonados se destacam do fundo da selva que os supera com árvores compactas e ainda mais altas, fícus de troncos múltiplos como raízes, *aguacates* de folhas reluzentes, avalanches de trepadeiras, plantas pêndulas, lianas. A floresta parece prestes a engolir aqueles vestígios colossais da civilização maia; aliás, já os tinha engolido havia séculos, e eles ainda estariam sepultados sob uma verde montanha viva e proliferante não fossem as afiadas lâminas dos homens que, desde quando esses templos foram descobertos, combatem dia a dia o assalto da vegetação, permitindo que as construções de pedra possam emergir do sufocante emaranhado de ramos e de vergônteas.

Os baixos-relevos que os antigos maias esculpiram na pedra representam por figuras de deuses, de astros e de monstros o ciclo da vegetação do *milho*. Pelo menos é isso que os livros explicam; o que podemos constatar à primeira vista são associações de sinais folhados, floridos ou frutiformes, uma vegetação de ornamentos que viceja ao redor de cada vulto vagamente antropomorfo ou zoomorfo, transformando-o num novelo emaranhado. Portanto, seja lá o que signifiquem, são sempre formas vegetais que os maias fixam na pedra: no fundo de toda fala há o escorrer da linfa nas plantas; uma relação quase especular se estabeleceu entre a pedra esculpida e a floresta. O emaranhado vegetal também se adensa em minha cabeça atordoada pelo sol e pelas vertigens ao subir e descer aqueles degraus íngremes, e entre as ramificações de argumentos tenho a impressão de entrever de vez em quando uma razão decisiva, que um instante depois desaparece.

Os baixos-relevos e a floresta se definem e se comentam reciprocamente; a linguagem de pedra narra e reflete o processo vital que a circunda e determina. Mas qual o sentido de dizer a palavra "floresta" quando a floresta está ali, presente, ameaçadora? Se é "floresta" a palavra que está escrita nas figuras dos deuses-monstros esculpidos, então os templos na floresta não são senão uma gigantesca tautologia que a natureza tenta justamente cancelar como supérflua. Eis que as coisas se rebelam contra o destino de ser significadas pelas palavras, recusam aquele papel passivo que o sistema dos signos gostaria de lhes impor, retomam o lugar usurpado; eis que submergem os templos e os baixos-relevos, voltam a engolir a linguagem que tentara afirmar a própria autonomia e erigir-se sobre os próprios fundamentos como uma segunda natureza. Os baixos-relevos adornados de serpentes e plumas e folhas desaparecem invadidos por ninhos de serpentes, de pássaros e de intricadas lianas; em vão a linguagem sonhara constituir-se em sistema e em cosmo: a última palavra cabe à natureza muda.

Isso já poderia ser uma bela conclusão, mas o próprio curso dos pensamentos também poderia levar a um ponto de chegada oposto. A floresta pode encarniçar-se contra os templos quanto quiser; a pedra não se deixa corroer pelo apodrecimento da mucilagem vegetal, as figuras em que se leem os nomes dos deuses não se deixam eliminar pelos líquenes e fungos. Desde que a linguagem existe, a natureza não pode aboli-la: apesar de tudo ela continua agindo em seu âmbito apartado, que o ímpeto convulsivo das coisas não desgasta. Os nomes dos deuses e os deuses sem nome se confrontam numa guerra que não pode ter vencedores nem vencidos.

Mas, se atribuo à floresta uma intenção agressiva, se vejo as raízes e as lianas agindo, atacando, cercando o inimigo, não faço senão projetar a mitologia dos baixos-relevos sobre a vegetação de linfa. A linguagem (toda linguagem) constrói uma mitologia, e esse modo de ser mitológico também envolve o que se pensava existir independentemente da linguagem. Desde que a linguagem surgiu no universo, o universo assumiu o modo de ser da linguagem, e não pode manifestar-se senão seguindo suas regras. Desde aquele momento as raízes e as lianas fazem parte do discurso dos deuses, do qual se difunde qualquer discurso. As gestas feitas de nomes e verbos e consequências e analogias enredaram os elementos e as substâncias primeiras. Os templos que custodiam as origens da linguagem no alto das escadarias de pedra ou no fundo de criptas subterrâneas impuseram seu domínio sobre a floresta.

Mas hoje temos certeza de que os deuses ainda falam, de seus templos em ruína, a linguagem da floresta? Talvez os deuses que comandam o discurso não sejam mais aqueles que repetiam a narrativa terrível, mas nunca desesperada, do suceder-se de destruição e renascimento num ciclo sem fim. Outros deuses falam por meio de nós, conscientes de que tudo o que termina não regressa.

IRÃ

36. O MIHRAB

Uma moldura em relevo, arrematada por uma arquitrave com um friso perfurado como uma renda; na parte interna, um friso encavado que corre sobre os batentes, com arabescos em baixo-relevo acima dos quais, sobre o lado horizontal no alto, se destaca uma linha de escritura fluente, como suspensa. Tudo é da mesma cor clara; a matéria é estuque. Abaixo, vem à frente um tímpano em sexto agudo, emoldurado por uma arquivolta canelada, sustentada por finas colunas, repleta de caracteres esculpidos. Nas margens, cada retalho de superfície é denso de ornamentos, marchetado de cheios e de vazios, poroso como uma esponja. As colunas e a ogiva em positivo do tímpano emolduram, sobre um fundo encavado e minuciosamente esculpido, a ogiva em negativo de um arco em sexto agudo, arrematado por uma alta arquitrave, igualmente perfurada; e aqui seria preciso tornar a usar todas as palavras de antes para descrever detalhes semelhantes em escala reduzida e com diversos efeitos de emaranhamento e saturação. E dentro desse arco no interior de todos os arcos, o que se vê? Nada: a parede nua.

Estou tentando descrever um mihrab do século XIV na Mesquita da Sexta-Feira, em Ispahan. O mihrab é o nicho que, nas mesquitas, indica a direção de Meca. Toda vez que visito uma mesquita, paro diante do mihrab e não me canso de observá-lo. O que me atrai é a ideia de uma porta que faz de tudo para exibir sua função de porta, mas que não se abre sobre nada; a ideia de uma moldura luxuosa como se encerrasse algo extremamente precioso, mas que dentro não traz nada.

Na Mesquita do Xeique Lotfollah, numa parede toda recoberta de maiólica índigo e turquesa, sob um vão ogival com, ao centro, uma falsa janela ogival de ladrilhos claros atravessados por uma floração geométrica de linhas em espiral, o mihrab (do século XVII) é uma cavidade — sempre ogival — que se abre na espessura do muro, resplandecente de maiólicas azuis e ouro, ornada em toda a sua superfície por desenhos de arcos — estes, hexagonais — e com uma abóbada composta de muitos alvéolos em colmeia, pequenas celas sem pavimento que se sobrepõem em estratos. É como se o mihrab, subdividindo o próprio espaço limitado e recolhido numa multiplicidade de mihrabes cada vez menores, abrisse a única via possível para alcançar o ilimitado.

Em volta, a escrita escorre branca sobre os ladrilhos azuis, enfaixando o espaço com seus caligramas escandidos por barras paralelas, curvas vibradas como açoites, incisões de traços oblíquos ou puntiformes, lançando os versículos do Corão para o alto e para baixo, de frente e do avesso, para a frente e para trás, ao longo de todas as dimensões visíveis e invisíveis.

Depois de ter ficado um bom tempo contemplando o mihrab, sinto-me no dever de chegar a alguma conclusão. Que poderia ser esta: a ideia de perfeição que a arte persegue, a sabedoria acumulada na escritura, o sonho de contentamento do todo desejo que se exprime no esplendor dos ornatos, tudo remete a um só significado, celebra um só princípio e fundamento, implica um objeto único e último. Um objeto que não existe. E sua exclusiva qualidade é não existir. Não se pode nem mesmo lhe dar um nome.

Vazio, nada, ausência, silêncio são todos nomes carregados de significados excessivamente pesados para algo que não quer ser nenhuma dessas coisas. Não se pode defini-lo com palavras: o único símbolo que o representa é o mihrab. Aliás, para sermos mais precisos: é aquele algo que se revela não existente no fundo do mihrab.

* * *

Foi isto o que acreditei compreender naquela minha distante viagem a Ispahan: que a coisa mais importante do mundo são os espaços vazios. As abóbadas em colmeia das cúpulas da Mesquita do Xá Abbas; a cúpula castanha da Mesquita da Sexta-Feira, que se sustenta numa sucessão de arcos de medida decrescente, calculados segundo uma sofisticada aritmética para soldar a base quadrada ao círculo que suporta a calota; os *iwan*, os grandes portais quadrangulares da abóbada arqueada: tudo aqui confirma que a verdadeira substância do mundo é dada pela forma cava.

O vazio tem suas fantasias, seus caprichos: a "sala de música" do palácio Ali Qapu tem as paredes e a abóbada revestidas por um invólucro de gesso rendado de cor ocre, no qual silhuetas de ampolas e de alaúdes são entalhadas em negativo, como uma coleção de objetos reduzidos à própria sombra ou à própria ideia sem corpo.

Certas formas do tempo são feitas para entrar em acordo com certas formas do espaço: a hora do ocaso na primavera com a medersa chamada de "a Mãe do Xá"; o fechado jardim setecentista, branco de maiólica e verde de plantas e piscinas, sobre o qual se debruçam grandes vãos realçados, vazios, ornamentos de faixas de pastilhas em que a agilidade da grafia se compõe na impassibilidade dos esmaltes. Visitando a medersa, vendo a tranquila familiaridade com que os habitantes de Ispahan vivem este lugar e esta hora, penso que eu também gostaria de ocupar o mezanino de um daqueles nichos espaçosos, como o homem ali sentado, de pernas cruzadas, lendo, ou como aquele que se deitou e dorme, ou um que come pão em lâminas finas e salada: invejo o grupo que está ouvindo um mulá, como se fossem discípulos de Sócrates, todos agachados ao redor de um tapete, ou os meninos que, saídos do colégio, abrem sobre outro tapete os livros e cadernos para as tarefas.

Talvez uma cidade que foi feita seguindo uma feliz disposição dos cheios e dos vazios se preste a ser vivida com feliz disposição de espírito, mesmo em tempos de despotismo megalomaníaco: esse era o pensamento que me vinha ao passear na animação da noite pela famosa praça de Ispahan, olhando as mesquitas de cúpulas azuis e cor de cobre, as casas da mesma altura com terraços comunicantes, as amplas abóbadas do palácio de Abbas, o Grande, e do bazar.

Alguns anos se passaram. O que agora me chega do Irã são imagens bem diferentes: sem espaços vazios, apinhadas de multidões, de gritos e de gestos ritmados, escurecidas pelo preto dos mantos que se estendem em cada canto, carregadas de uma tensão fanática sem trégua nem respiro. Não vi nada disso ao perscrutar o mihrab.

37. AS CHAMAS EM CHAMAS

O fogo se conserva no sacrário do templo zoroastriano, fechado a chave. Apenas o *mobet* tem a chave e pode entrar; durante o rito, a chama é visível através da grade.

O templo é uma construção moderna, num modesto jardim de Yazd, cidade às margens do deserto, no centro do Irã. O *mobet* é um jovem hindu parse de Bombaim (há mais de mil anos os parses da Índia mantêm viva a antiquíssima religião de seus antepassados fugidos da Pérsia depois da conquista islâmica); bonito, altivo, com um ar de certa superioridade; a túnica branca que veste, o pequeno barrete branco que traz na cabeça, o véu branco que cobre sua boca para evitar que o fogo sagrado seja contaminado pelo hálito humano, tudo isso lhe dá o aspecto de um cirurgião. Com uma pá ele reaviva a chama; acrescenta alguns pedaços de madeira de sândalo ao braseiro. Recita as preces a Ahura Mazda com uma dicção salmodiante, que começa num sussurro e sobe aos poucos até as notas mais agudas; interrompe, cala-se, dá um golpe num sino que ressoa em altas vibrações. À sua voz se alternam as litanias das mulheres recolhidas no templo com a cabeça coberta por mantos coloridos e curtos, atentas na leitura de seus livrinhos: preces em língua moderna ou de qualquer modo compreensíveis hoje, enquanto o *mobet* reza na língua do Avesta, em que se conservam as estratificações mais arcaicas do cepo indo-europeu.

Foi para recolher um eco das origens míticas da palavra

que vim até aqui, entre os últimos depositários de uma fala transmitida idêntica na letra e na pronúncia por milhares de anos? Ou para ver se algo distingue de todos os outros fogos os fogos que supostamente queimam desde os tempos de Ciro, de Dario, de Artaxerxes, reatiçados por uma ininterrupta sucessão de brasas que nunca deixaram apagar, custodiados furtivamente durante os mil e trezentos anos de domínio do Islã, alimentados com madeira de sândalo seco e talhado sempre de acordo com as mesmas regras, de modo a produzir uma chama límpida, sem sombra de fumaça?

Minha viagem ao Irã transcorre durante o último período de reinado do xá, homem que persegue muitos grupos de indivíduos, mas não a minoria dos fiéis da religião mazdiana (aqueles que chamamos de zoroastrianos ou zaratustrianos ou, de modo mais aproximado, "adoradores do fogo"). Enfrentando o predomínio do clero muçulmano-xiita, a dinastia Pahlevi (já desde a ascensão ao trono do pai deste xá) declarou-se laica e tolerante quanto a religiões minoritárias; assim, a lógica caprichosa dos equilíbrios políticos deu de novo liberdade ao culto de Ahura Mazda, que não só no exílio hindu, mas também nestas regiões remotas da Pérsia, continuara por séculos a ser praticado em segredo, ao redor de fogos mantidos sempre acesos sobre as montanhas e nas casas.

Com a cautela de quem vive entre os infiéis, os mazdianos continuam conservando o fogo sob sete chaves, visível apenas atrás de uma grade. Mas sempre, mesmo quando os altares flamejavam altos sobre as escadarias monumentais da Persépolis de Dario, o verdadeiro sacrário do fogo era uma sala sem janelas, ventilada apenas por frestas, inacessível aos raios de sol. Lá, as chamas nutridas de troncos de sândalo ressecados até perderem qualquer resíduo dos sucos terrestres, mil vezes se extinguindo e mil vezes renascendo das próprias cinzas, se purificavam das escórias do mal que poluem todos os elementos e os astros e as plantas e os bichos e sobretudo o homem. O fogo sagrado resplandece no escuro: não deve misturar sua luz com a luz do dia exposta a todo tipo de contaminação. E talvez para profaná-lo bastem os olhares humanos, caso pousem sobre o fogo com indiferença, como se fosse uma coisa que seguisse qualquer outra coisa: como meus olhares, de homem que em vão se esforça por recuperar um significado para os antigos símbolos num mundo que consome tudo o que vê e ouve. O verdadeiro fogo é o fogo oculto: foi para aprender isso que vim até aqui?

Em busca dos zoroastrianos de Yazd, ontem à tarde percorremos de cima a baixo um interminável bairro semideserto, entre muros cegos de barro e palha ou de tijolos de argila crua, terraços sobre os baixos tetos planos de onde espia alguma menina, grupinhos de velhas sentadas em volta de uma soleira estreita ou sob um nicho rudimentar onde arde uma vela. A religião das mulheres é reconhecida pelo xale com que cobrem a cabeça; neste bairro, os coloridos são mais numerosos que os negros. Através de uma porta, um adro, uma sequência de pátios comunicantes, chegamos a uma sala baixa onde muitas velas queimam diante de fotografias de mortos: uma espécie de capela, um local de culto privado; o fogo, o famoso fogo, é anunciado apenas por essas chamas fracas. O passante gentil que, interpelado na rua, nos conduziu até aqui dá explicações que se perdem por falta de uma língua em comum; no entanto, dispõe-se a nos acompanhar até o templo principal, mas para nos mostrar que está fechado e que ele só pode indicá-lo através do portão: um moderno pavilhão anônimo. Perguntando aqui e ali, ficamos sabendo que para amanhã são esperados cinegrafistas de uma televisão estrangeira, que pretendem filmar a celebração de um rito.

No escritório local da televisão do Estado, para onde nos dirigimos, um funcionário com cinco retratos do xá pendurados na parede ou emoldurados sobre a escrivaninha (o xá no trono, a cavalo, com a mulher, com os filhos, em cores, em preto e branco) nos fornece os contatos para podermos assistir à filmagem.

Então aqui estou, admitido no templo, depois de também

219

ter posto um pequeno barrete branco e tirado os sapatos (os cabelos e as solas são os veículos de contaminação que mais merecem cuidado), mas tudo o que vejo ainda me parece muito distante. Distante de quê? O que vim buscar entre os fiéis de Ahura Mazda, primeiro deus que se revelou aos indo-europeus como supremo princípio transcendente? O que pode significar para mim aquele vulto barbudo e ladeado por duas grandes asas que se repete em toda parte, dos baixos-relevos do palácio de Dario em Persépolis ao modesto mobiliário moderno desta saleta? É uma esquemática figura humana de perfil, de longa barba cacheada e cabelos iguais à barba, arrematados por um chapéu cilíndrico: traz na mão um círculo e é por sua vez circundado por um círculo maior, do qual se abrem duas grandes asas, talvez de águia, uns élitros ou antenas que talvez sejam raios; apenas o busto da figura é visível, até a cintura, emoldurado pelo círculo alado como um aviador dentro da carlinga de um primordial aparelho voador. Seria natural acreditar que se trata de Ahura Mazda em pessoa, mas é óbvio que não cairei num erro tão grosseiro, porque sei que não pode haver imagens de um deus invisível e onipresente (assim como Ahura Mazda é só um modo de dizer, não um nome): será no máximo uma emanação divina, que desce do céu sobre a cabeça dos imperadores, ou então um arquétipo celeste de sua majestade, que poderíamos no entanto entender como suspenso acima de nós, bênção a ser invocada ou modelo a ser alcançado.

Enfim, Ahura Mazda permanece distante, mesmo neste templo com luz neon, cadeiras de metal pintadas de branco, o sacerdote vestido de branco e muito contente por oficiar diante das câmeras de TV. Poucos os ornamentos pendurados nas paredes: um quadro que representa Zaratustra no estilo das oleografias populares orientais, um espelho, um calendário em que o emblema do barbudo com asas se destaca sobre o tricolor iraniano.

A única imagem possível de Ahura Mazda é o fogo: sem forma, sem limites, que aquece e devora e se propaga na agilidade de suas línguas ofuscantes, que mudam de cor a cada instante: o fogo que arrefece na lenta agonia das brasas, que se oculta sob as cinzas pálidas e de repente renasce, ergue suas asas afiladas, retoma o ímpeto, se lança numa labareda violenta. Não me resta mais nada a não ser observar o brilho da chama que se ergue do braseiro oculto, olhar os homens e as mulheres que rezam ao fogo e tentar imaginar-me como eles o veem. Com atração e com temor, assim como eu o vejo? Certamente: como força amiga, condição necessária de nossa existência; mas a atração que a vista das chamas exerce é mais instantânea que qualquer raciocínio, é instintiva como o assombro que ela incute na condição de força inimiga, de destruição, de morte. E mais além ainda eles veem no fogo um elemento incompatível com tudo o que é obrigado a submeter-se à vicissitude da vida e da morte, um modo de ser absoluto, tanto que o associam à ideia da pureza ideal. Talvez porque o homem pode acreditar que o controla, mas não pode tocá-lo? Porque nele nenhum ser vivente pode viver? É puro o que é intocável pelo homem? É puro o que exclui de si a vida? O que vive se despindo de todo corpo ou invólucro ou suporte? E se a pureza está no fogo, como se pode purificar o fogo? Queimando-o? É um fogo posto ao fogo aquele a quem os mazdianos recitam suas preces? Uma chama dada às chamas?

As estrelas continuam queimando e requeimando seu combustível pelos séculos dos séculos. O firmamento é feito de braseiros que se atiçam e se apagam, supernovas incandescentes, gigantes vermelhos que se atenuam pouco a pouco, resíduos carbonizados de anãs brancas. Também a Terra é uma bola de fogo que dilata a crosta dos continentes e dos fundos oceânicos. O universo é um incêndio. O que acontecerá quando toda a lenha de sândalo dos átomos tiver se volatilizado no crisol das estrelas? Quando as cinzas das cinzas se consumirem numa labareda de calor impalpável? Quando as fogueiras das galáxias se reduzirem a opacos vórtices de fuligem? Como conceber um fogo que se mantém aceso desde o início dos tempos e que nunca se apagará?

O mundo que eu habito é governado pela ciência, e essa ciência tem um fundamento trágico: o processo irreversível que conduz o universo a decompor-se numa nuvem de calor. Dos mundos viváveis e visíveis restará apenas um pulvísculo de partículas que nunca mais reencontrarão uma forma, em que nada se distinguirá de nada, o perto e o longe, o antes e o depois. Aqui entre os fiéis de Ahura Mazda, no fogo custodiado no escuro que o *mobet* desperta e embala ao som de sua voz salmodiante, mostra-se a mim a substância do universo que se manifesta apenas na combustão que a devora sem trégua, a forma do espaço que se expande e se contrai, o estrondo e o crepitar do tempo. O tempo é como o fogo: ora deslancha em labaredas impetuosas, ora se retrai sepulto no lento carbonizar das eras, ora serpenteia e se espalha em zigue-zagues fulminantes e imprevisíveis, mas sempre aponta para seu único fim: consumar cada coisa e consumar-se. Quando o último fogo se apagar, também o tempo terá terminado; é por isso que os zoroastrianos perpetuam seus fogos? O que tenho a impressão de estar prestes a entender é o seguinte: lamentar-se de que a flecha do tempo corra para o nada não faz sentido, porque por tudo o que há no universo e que gostaríamos de salvar, o fato de existirmos quer dizer justamente este queimar e nada mais; não há outro modo de ser que não o da chama.

Quem sabe se no Avesta eu poderia encontrar uma fórmula que exprimisse esses pensamentos? Por ora, recorrendo à minha memória ocidental, basta-me a tirada de um poeta. A quem lhe perguntou: "Se um incêndio estivesse destruindo sua casa, que coisa você se apressaria em pôr a salvo?", Jean Cocteau respondeu: "O fogo".

38. AS ESCULTURAS E OS NÔMADES

Em Persépolis, vejo-me subindo a escada monumental junto a duas colunas de pessoas perfiladas: a dos turistas em comitiva e a dos dignitários de barbas e cabelos cacheados, com cilíndricos adornos feitos de penas na cabeça, maciços colares em meia-lua nos pescoços, sandálias nos pés sob as togas plissadas e às vezes uma flor na mão. A primeira multidão é feita de carne, osso e suor; a segunda, de pedra esculpida. Deixando que a primeira se afaste sob o sol ofuscante, alinho-me à outra, ajusto a seu calmo passo o meu, confundo-me naquele andar ininterrupto de figuras altivas sobre a superfície cinzenta das placas de pedra, naquela procissão majestosa que se desdobra por onde quer que o olhar se fixe nas grandes escadarias da cidade, pelas bases de todas as fachadas, escoando para as portas margeadas por leões alados e a sala das cem colunas. A população de pedra tem a mesma estatura da de carne e osso, mas se distingue pela compostura e por uma rígida uniformidade de linhas e de vestuário, como se a própria figura de perfil continuasse passando e repassando. De vez em quando uma face voltada para trás, virada para o vizinho que segue na fila, e um posar recíproco das mãos sobre o peito ou nos ombros como numa troca de manifestações de amizade introduzem na fixidez cerimonial uma nota de animação, tão mais calorosa quanto mais parece estereotipado o aspecto hierático do resto do cortejo.

O palácio dos aquemênidas em Persépolis é um receptáculo que reproduz em suas paredes o próprio conteúdo de dois mil e quinhentos anos atrás, uma arquitetura feita para acolher uma cerimônia faustosa, cerimônia que podia apenas repetir aquela que já estava desde sempre ali presente, em cada agrupamento e em cada gesto, na disposição e na sucessão de cada embaixada e de cada tropa, na exibição dos trajes, das riquezas e das armas: a guarda do imperador com suas lanças, seus arcos e aljavas, os portadores de oferendas de várias nações com vasos preciosos e saquinhos de ouro em pó.

No baixo-relevo da grande porta, as nações sustentam o trono imperial, mas esse trono é tão leve que elas podem carregá-lo com as pontas dos dedos. Ou melhor: sobre o grande trono que os embaixadores das nações erguem aflorando-o sob o estrado há um trono menor, em cima do qual se senta um pequeno imperador ladeado de um escravo com um enxota-moscas e coberto por um baldaquino, sobre o qual ainda se equilibra o emblema de Ahura Mazda ou de sua bênção. Agora se começa a entender para onde vão todos aqueles cortejos que convergem para portas, vestíbulos e corredores de acesso: quanto mais nos aproximamos do centro do poder, mais se passa do mastodôntico ao minúsculo, ao sutil, à abstração, ao vazio. Talvez este palácio seja a utopia do Império perfeito: uma grande caixa vazia para acolher as sombras do mundo, um desfile de figuras de perfil, planas, sem espessura, em volta de um trono vazio e sem peso.

Outras cenas superpovoadas surgem a poucos quilômetros dali, numa íngreme parede rochosa na garganta de Naqsh-i--Rustam, mas aqui são batalhas com cavalos que pisoteiam inimigos apeados, armaduras ameaçadoras de guerreiros alinhados no campo, prisioneiros feitos escravos carregando pesos, triunfos e divisão do butim. Foram os reis sassânidas que mandaram esculpir estas rochas para celebrar as próprias vitórias, mais de quinhentos anos depois da destruição de Persépolis, imediatamente abaixo das tumbas de seus antigos antepassados aquemênidas: Dario, Xerxes, Artaxerxes, Dario II, todos sepultados atrás de quatro severas fachadas como de palácios, esculpidas sobre um alto degrau da encosta. A solene, absorta majestade de Persépolis desapareceu: aqui predomina o orgulho, a beligerância, a afirmação da própria superioridade sobre o inimigo, a exibição da opulência. Uma humanidade a cavalo que perpetua as próprias jornadas: a epopeia dos ataques a galope, a apoteose da realeza equestre, o estrondo das trombetas, a nuvem de poeira e o ribombo dos cascos no solo — tudo isso está registrado nas formas que afloram da rocha. Um elegante Shapur I coberto de franjas e adereços ergue o braço e a espada montado na sela de um robusto cavalo a cujos pés se ajoelha o vencido Valeriano, imperador dos romanos, de braços estendidos e trêmulos, o olhar arrasado. Antes ainda, Ahura Mazda em pessoa dá a Ardeshir I o diadema da investidura, do qual pendem fitas compridas e finas. Pela primeira vez o deus é visível: e é um cavaleiro da mesma estatura do rei sassânida, trajado com igual esplendor, montado num cavalo igualmente forte.

Na volta, meu caminho se cruza com o de uma tribo de nômades em marcha. Mulheres descalças de vestidos coloridos tangem com gritos e bastonadas uma fila de asnos. Na garupa dos animais seguem em equilíbrio uma galinha, um cachorro, um carneiro atravessado; outros carregam alforjes de cujas bocas despontam cordeirinhos e bebês recém-nascidos. O último burrico arranca levando na garupa uma velha bruxa aos gritos, sentada de viés, com um bastão na mão: toda a energia motriz que empurra a caravana parece emanar dessa velha. Segue um rebanho de cabras, depois uma manada de camelos; um camelinho branco e alvo trota entre as patas da mãe. O cortejo se dirige a um acampamento de tendas negras. É a estação em que as tribos dessas populações nômades, de língua turca, atravessam as estepes do Fars; depois de passarem o inverno nas margens do golfo Pérsico, rumam como todos os anos em direção ao Cáspio. Os homens, à diferença das mulheres, estão vestidos com trajes urbanos; esperam na soleira das tendas, saúdam os estrangeiros com um *Salam!* e os convidam a beber chá. Com a chegada de estranhos, algumas mulheres escondem o rosto e riem no branco e preto dos olhos; uma delas despeja água de um odre de pele de cabra; uma outra empasta a farinha. No chão se espalham os famosos tapetes tecidos em seus teares. Há séculos os nômades percorrem esses áridos territórios entre o golfo Pérsico e o Cáspio sem deixar vestígios atrás de si além das pegadas na poeira.

Num mesmo dia não fiz mais que encontrar em meu caminho multidões humanas em marcha: filas de pessoas fixadas para sempre na rocha e outras filas que se deslocavam em trânsito perpétuo. Ambas habitam espaços diversos do nosso: umas se incorporam ao compacto mundo mineral, outras afloram os lugares ignorando os nomes da geografia e da história, percorrendo itinerários não assinalados nos mapas, como as migrações dos pássaros. Se eu tivesse de escolher entre os dois modos de ser, deveria avaliar demoradamente os prós e os contras: viver em função do sinal indelével a ser marcado, transformando-se na própria figura gravada na página de pedra, ou viver se identificando com o ciclo das estações, com o crescimento da relva e dos arbustos, com o ritmo dos anos que não pode deter-se porque segue a rotação do sol e das estrelas. Num caso e no outro, é da morte que se quer escapar. Num caso e no outro, é a imutabilidade que se quer alcançar. Para uns, a morte pode ser aceita desde que se salve o momento da vida que durará para sempre no tempo uniforme da pedra; para outros, a morte desaparece no tempo cíclico e no eterno repetir-se dos signos zodiacais. Em ambos os casos, algo me detém; não encontro o vão em que poderia introduzir-me para acomodar-me na fila. Somente um pensamento me faz sentir à vontade: os tapetes. É na tessitura dos tapetes que os nômades depositam sua sapiência: objetos variegados e leves que se estendem sobre o chão nu onde quer que se pare para passar a noite e que de manhã são enrolados e levados juntos com todos os outros pertences sobre a corcova dos camelos.

NOTA

Advertência
A primeira edição de *Coleção de areia* foi publicada pela Editora Garzanti em 1984 e terminava com esta *Nota* redigida por Italo Calvino, mas não assinada:

Os escritos contidos nas partes 1, 2 e 3 foram todos publicados no diário *La Repubblica* entre os anos de 1980 e 1984, com exceção dos seguintes: "Coleção de areia", em *Corriere della Sera*, 25 de junho de 1974; "Como era novo o Novo Mundo", comentário oral para uma transmissão da RAI-TV, em dezembro de 1976; e "A enciclopédia de um visionário", em *FMR*, n. 1, março de 1982.
A parte 4, *A forma do tempo*, reúne páginas sobre o Japão e o México escritas em 1976, em parte publicadas no *Corriere della Sera* e em parte inéditas, e páginas sobre o Irã, inéditas, a partir de apontamentos de uma viagem feita em 1975.

ESTA OBRA FOI COMPOSTA PELA SPRESS EM GARAMOND E IMPRESSA EM OFSETE
PELA RR DONNELLEY SOBRE PAPEL PÓLEN SOFT DA SUZANO PAPEL E
CELULOSE PARA A EDITORA SCHWARCZ EM JULHO DE 2010